Lorena Schönfeld

Konzentrationstraining für Grundschulkinder

WirmachenDruck.de
Sie sparen, wir drucken!

Email: info@edition-lunerion.de
www.edition-lunerion.de

Psiana eCom UG
Berumer Str. 44
26844 Jemgum

Inhalt

Vorwort

„Jetzt hört mir doch einmal richtig zu!“ oder „Muss ich das wirklich noch einmal erklären?“ – diese zwei Sätze bekommen im Schulalltag wahrscheinlich sehr viele Schüler zu hören und das nicht zu selten. Schaut man einmal in ein Klassenzimmer, dann fällt auf, dass viele Kinder mit den unterschiedlichsten Persönlichkeiten aufeinandertreffen, die dann auch noch viele neue Themen gemeinsam lernen und die Zusammenhänge der Welt besser verstehen wollen. Für Sie als Eltern ist es daher besonders wichtig, die ganz eigenen Bedürfnisse, Vorlieben, Stärken und Schwächen Ihres Kindes zu erkennen und dafür hilfreiche Tools an die Hand zu bekommen, um eine friedliche Lernatmosphäre zu schaffen – egal, ob für zuhause oder in der Schule. So kann sich die Konzentrationsleistung Ihres Kindes Stück für Stück verbessern, der Spaß am Lernen geht nicht verloren und es kann mit viel Entdeckergeist die Welt um sich herum erkunden!

Konzentrationstraining leicht gemacht

Wie kann man Schüler am besten dabei unterstützen, sich voll und ganz auf ihre Schulaufgaben zu fokussieren? Dieser Frage soll hier auf den Grund gegangen werden. Sie werden nicht nur Wissenswertes über die Ursache von Konzentrationsstörungen bei Kindern erfahren, sondern auch, wie Sie diese mit gezielten und spielerischen Übungen im Alltag verringern können. In den folgenden Seiten dieses Ratgebers werden Sie außerdem mehr über die verschiedenen Persönlichkeitstypen von Kindern erfahren und in welche zwei Hauptkategorien man sie unterteilt. So kann man im Allgemeinen die extravertierten Kinder von den introvertierten Kindern unterscheiden. Doch an welchen spezifischen Merkmalen erkennt man diese beiden Gruppen? Auch dazu wird Ihnen dieses Buch wichtige Anhaltspunkte geben. Sie werden außerdem wertvolle Hinweise dazu bekommen, wie Sie diese entsprechend ihren Stärken fördern können.

Ein zentrales Thema, welches von diesem Buch aufgegriffen wird, ist, wie sich vor allem die AD(H)S (Aufmerksamkeitsdefizit-/Hyperaktivitätsstörung) bei Kindern bemerkbar macht und wie Sie Betroffene am effektivsten im Alltag unterstützen können, damit die Symptome erfolgreich gelindert werden. Einen deutlichen Gegenpol zu den AD(H)S-Kindern stellen die hochsensiblen Kinder dar. Sie haben ganz zarte Fühler, wodurch sie die Reize ihrer Umwelt noch intensiver wahrnehmen als andere. Da sie durch diese sanfte Stärke eine besondere Förderung benötigen, werden Sie auf den nächsten Seiten mehr darüber erfahren, wie Sie für hochsensitive Kinder der ideale Lernbegleiter sein und eine Lernatmosphäre für sie schaffen können, in der sie sich uneingeschränkt wohlfühlen. Damit Sie Ihrem Kind mit seinen besonderen Bedürfnissen gerecht werden, finden Sie in diesem Buch u. a. einen Test, der Ihnen mehr Klarheit darüber verschaffen soll, zu welchem Lerntypen Ihr Kind zugeordnet werden kann. Ist es eher der auditive, der visuelle, der motorische oder der kommunikative Lerntyp? Mit diesem Test werden Sie es herausfinden und erhalten obendrein noch wertvolle Tipps an die Hand, wie Sie Ihr Kind mit Ihren individuellen Stärken und Schwächen nachhaltig fördern, damit das Lernen wieder zum Erfolgsgarant wird.

So werden Sie kinderleicht bedürfnisorientierte Lernangebote kreieren. Zusätzlich informiert Sie dieses Buch ausführlich darüber, wie Sie die Beziehung zu Ihrem Kind Schritt für Schritt verbessern können, damit effektives Lernen überhaupt erst möglich wird. Sie bekommen einen genauen Plan an die Hand, wie Sie eine erfolgreiche Lerneinheit mit Ihrem Kind strukturieren und durchführen können, damit Ihr Kind die Angst vor Prüfungen verliert. Als praktische Unterstützung und zur schnellen Umsetzung im Alltag erhalten Sie zudem unzählige Konzentrationsspiele, die Sie gleich mit Ihrem Kind ausprobieren können, damit Sie die Konzentrationsleistung Ihres Kindes sowohl zu Hause als auch in der Schule sofort trainieren können.

Hinweis:
In diesem Buch finden Sie an verschiedenen Stellen QR-Codes, die Sie zu Audiodateien führen. Falls Sie keine Möglichkeit haben, diese zu scannen, können Sie alle Dateien auch über diesen Link finden:
https://bit.ly/49pHEjy

Von verträumten Kindern und gestressten Erwachsenen

Wer vermisst sie nicht, die unbeschwerten Kindheitstage? Waren sie doch für viele Menschen die schönste Zeit im Leben. Man konnte seiner Fantasie noch freien Lauf lassen und den Moment im Hier und Jetzt so richtig genießen. Erinnern Sie sich noch daran, als Sie an einem Tag der heldenhafte Ritter waren, der das ganze Königreich gerettet hat, und an einem anderen Tag hatten Sie mit Ihrem selbstgebauten Ufo die Galaxie vor Unheil bewahrt? In Ihrer Kindheit sind Ihnen bestimmt viele spannende Abenteuer eingefallen, um dem langweiligen Alltagstrott zu entfliehen. Welche Geschichte haben Sie mit Ihren Freunden gern nachgespielt? Waren Sie der tapfere Robin Hood, der von den Reichen Geld genommen hat, um damit den Armen zu helfen, oder bevorzugten Sie doch lieber das Dasein der reizenden Prinzessin, die auf ihren Märchenprinzen und den dazu passenden Schuh gewartet hat? Denken Sie doch einmal kurz darüber nach. Welcher Kindheitsheld ist Ihnen noch im Gedächtnis geblieben?

Leider haben heutzutage viele Erwachsene vergessen, wie man völlig losgelöst von der Außenwelt richtig träumt und seiner eigenen Fantasie nachgeht. Somit fällt es auch Ihnen womöglich nicht leicht, die eigenen Gedanken einmal ganz entspannt schweifen zu lassen und sich ihnen voll und ganz hinzugeben. Dies hat zur Folge, dass Eltern nicht nur schneller ausgelaugt sind und den Alltag dadurch schwerer bewältigen können, sondern auch ein großes Unverständnis ihren Kindern gegenüber vorherrscht. Während Ihre Kinder lieber innere Traumbilder malen und ganz verträumt ihren kreativen Gedanken nachhängen, hinterlässt diese Träumerei bei Ihnen wahrscheinlich ein unangenehmes Gefühl in der Magengrube. Mittlerweile wissen wir zwar, dass vor allem Tagträume die Fantasie eines Kindes unglaublich beflügeln können, jedoch ist es in der Realität leider oft der Fall, dass zu viel Fantasie und Luftschlösserbauen, vor allem im gut durchgeplanten Schulalltag, eher fehl am Platz sind, denn in der Schule wird viel von Ihren Kindern abverlangt. So sollen sie sich innerhalb eines festgeschriebenen Lehrplans so viel Wissen wie möglich aneignen, gute Noten schreiben und mindestens vier bis sechs Stunden am Tag den Erklärungen des Lehrers folgen können, ohne dabei auch noch negativ aufzufallen. Diese Umgewöhnung ist vor allem für die ersten Klassen sehr schwierig und stellt manchmal sogar eine kaum überwindbare Hürde dar. Immerhin ist der Wechsel von der Kita in die Grundschule ein großer Meilenstein für das Leben Ihres Kindes.

Der gesamte Tagesablauf und die altbekannte Alltagsroutine verändern sich plötzlich. Anstatt im Kindergarten mit den Freunden und den Erziehern zu spielen, wird nun erwartet, dass die Kinder stundenlang still auf dem Stuhl sitzen und versuchen, den Erzählungen des Lehrers zu folgen. Es gibt keine

Mittagsruhe mehr, in der sie sich von den neuen Eindrücken des Tages erholen und ihren Träumen nachhängen können. Dafür sind nun volle Konzentration und Durchhaltevermögen von den Kindern gefragt und das innerhalb eines kurzen Zeitfensters. Der Druck der jungen Schüler wächst, denn es werden nun höhere kognitive Leistungen von ihnen verlangt und diese werden auch noch mit Gleichaltrigen verglichen. Während im Kindergarten das freie Spiel und somit der Spaß und die Individualität im Vordergrund standen, müssen nun die Fertigkeiten des Schreibens, Lesens und Rechnens erlernt werden. Dies kann bei manchen Kindern zu Frust führen, den sie nicht selten auch mit nach Hause nehmen.

Nun sind auch die Eltern direkt von den Schulschwierigkeiten betroffen, was nicht selten zu noch mehr Sorgen führen kann. Ein Teufelskreis entsteht, aus dem die Familie nur schwer wieder herausfinden kann. Eine gelassene Grundeinstellung und Entschleunigung der Eltern sowie unterstützende Hilfestellungen der Lehrer sind an dieser Stelle ein Muss, damit das Kind eine positive Schulerfahrung genießen kann. Der Schlüssel, um eine gelassene Atmosphäre rund um das Thema Schule zu erschaffen, ist, Ihrem Kind zu vermitteln, dass es seine Kreativität und somit auch seine Verträumtheit in den Lernprozess einbringen darf. Dies nimmt ihm den Druck von den Schultern und Ihr Kind ist gleich viel motivierter, um seine Aufgaben zu erledigen. Integrieren Sie die Ideen Ihres Kindes, indem Sie ihm beispielsweise während der Hausaufgabenzeit gezielt die Möglichkeit bieten, seine sprudelnden Inspirationen einfließen zu lassen. Lernt Ihr Kind beispielsweise gerade das ABC in der Schule? Dann lassen Sie sich doch von Ihrem Kind verschiedene Tiere und Gegenstände nennen, die mit einem ganz bestimmten Buchstaben beginnen. Lernt es momentan den Buchstaben „A", dann ermuntern Sie es, so viele Begriffe wie möglich mit diesem Anfangsbuchstaben aufzuzählen. Erarbeiten Sie gemeinsam eine Liste mit so vielen Wörtern wie nur möglich. Ihrer Kreativität sind bei diesem Vorgang keine Grenzen gesetzt. Sobald die Liste fertig ist, können Sie Ihrem Kind die Aufgabe geben, aus den gesammelten Begrifflichkeiten eine neue Geschichte zu erzählen, die im späteren Verlauf auch gern bebildert werden darf. Lassen Sie sich die Erzählung bis ins letzte Detail von Ihrem Kind erklären. Schreiben Sie währenddessen die gesamte Erzählung auf und lesen Sie sie im Anschluss Ihrem Kind laut vor. Nun können noch einmal Unklarheiten geklärt und wichtige Wörter und Rechtschreibregeln markiert werden.

Auf diese Weise macht das Lernen viel mehr Spaß und Ihr Kind bleibt konzentriert bei der Sache, da es sich von Ihnen verstanden und gesehen fühlt. Fällt Ihrem Kind vielleicht das Rechnen schwer? Dann geben Sie ihm doch auch beim Addieren und Subtrahieren die Möglichkeit, seine Fantasie einfließen zu lassen. Anstatt die Finger während des Rechenvorgangs zu benutzen, geben Sie Ihrem Kind die Aufgabe, die vorliegenden Zahlen bildlich darzustellen. Fragen Sie es beispielsweise nach seinem Lieblingsobst oder seinem Lieblingstier. Nun darf es so viele Früchte oder Tiere zeichnen, wie es die Zahlen vorgeben. Beim Addieren kann Ihr Kind beispielsweise nach dem Gleichheitszeichen so viele Tiere malen, wie es vorher auf dem Blatt gezählt hat. Bei der Subtraktion kommt hingegen der Radiergummi zum Einsatz. Lassen Sie Ihr Kind die vorgegebene Anzahl einfach wieder wegradieren. Nun kann Ihr Kind die übrig gebliebenen Zeichnungen zählen und die richtige Anzahl wieder hinter dem Gleichheitszeichen darstellen.

Die kreative Arbeit sorgt bei Ihrem Kind nicht nur dafür, dass es sich geborgen fühlt, sondern es kann genauso gut dazu dienen, dass Sie die gemeinsame Lernzeit mehr genießen und somit eine vertrauensvollere Beziehung zueinander aufbauen. Sie werden feststellen, wie die kreativen Tätigkeiten auch Sie dabei unterstützen, den Alltag zu entschleunigen und die Dinge wieder gelassener zu sehen. Somit ist der Spaß am Lernen garantiert und eine höhere Lernmotivation auf Seiten Ihres Kindes so gut wie gesichert.

Diese Aufzählungen sind nur zwei Beispiele, wie Sie die Fantasie Ihres Kindes anregen und in den Lernprozess integrieren können. Es gibt noch weitere Lernspiele, die hilfreich sind, um die Lernfreude Ihres Kindes wiederzuerwecken und die natürliche Verträumtheit der Schüler angemessen zu würdigen. Auf den folgenden Seiten werden Sie noch weitere hilfreiche Anregungen entdecken, die garantiert für eine entspanntere Lernatmosphäre und mehr Konzentration beim Lernen sorgen werden. Im nächsten Kapitel werden Sie aber erst einmal mehr darüber erfahren, aus welchen unterschiedlichen Gründen sich ein Kind nicht richtig konzentrieren kann. Sie werden viele Hintergrundinformationen erhalten, um den Konzentrationsmangel eines Kindes im Alltag besser erkennen und nachvollziehen zu können. Somit können Sie ein besseres Verständnis dafür erlangen, warum ein Kind in manchen Situationen schneller abgelenkt ist, und erfahren, was Sie aktiv unternehmen können, um den Fokus des Kindes vollkommen stressfrei auf das Wesentliche zu lenken.

„Hilfe, mein Kind kann sich nicht konzentrieren!"

Wussten Sie, dass sich ein Grundschulkind etwa 15 bis 20 Minuten auf eine bestimmte Sache fokussieren kann? Das ist schon eine beträchtliche Konzentrationsleistung und eine gute Zeitspanne für dieses junge Alter. Nun dauert eine Unterrichtsstunde aber gleich 45 Minuten. Sie verläuft also um das Doppelte länger, als es die Konzentrationsfähigkeit eines Kindes zulassen würde. Daher stehen vor allem die Grundschullehrer immer wieder vor der großen Herausforderung, ihren Unterricht sowohl am Lehrplan des jeweiligen Bundeslandes zu orientieren als auch dafür zu sorgen, dass sich Ihr Kind während des Unterrichts nicht langweilt und mit seinen Gedanken beim vorgeschriebenen Lernstoff bleibt. Manchmal ist dies ein sehr schwieriger Kraftakt, der aber mit viel Feingefühl und einem breiten pädagogischen Know-how gut zu bewältigen ist. Doch wie erkennen Sie, dass Ihr Kind nicht mehr ganz bei der Sache ist?

Während des Lernprozesses weisen viele äußere Anzeichen auf Konzentrationsschwierigkeiten hin. Sollten Sie beispielsweise bemerken, dass Ihr Kind während der Lernzeit immer leichter von Außenreizen beeinflusst wird und es sich äußerst leicht von Kleinigkeiten ablenken lässt, dann lassen Sie es kurz eine Verschnaufpause, zum Beispiel in Form einer kleinen Achtsamkeitsübung, machen. Diese können Sie ruhig begleiten und dem Kind eine Hilfestellung anbieten. Wenn Ihr Kind dazu bereit ist, geben Sie ihm doch einmal die folgenden Anweisungen:

„Setze dich einmal ganz entspannt auf deinen Stuhl und wenn du möchtest, schließe kurz deine Augen. Atme ein paar Male tief ein und wieder aus. Wenn du innerlich so richtig zur Ruhe gekommen bist, dann spüre einmal die Unterlage, auf der du sitzt. Wie fühlt sie sich an? Was kannst du alles wahrnehmen? Als Nächstes kannst du deinen Fokus darauf richten, was du alles in diesem Raum riechen kannst. Welche Gerüche kannst du mit deiner Nase aufnehmen? Beschreibe doch einmal ganz genau, was du riechst. Nun richte bitte deine Aufmerksamkeit auf deine Ohren. Was hörst du alles in diesem Raum? Gibt es ein Geräusch, das dir vielleicht besonders gut gefällt? Nimm deine Umgebung einmal ganz genau mit deinen Sinnen wahr. Wenn du so weit bist, kannst du ganz langsam wieder ins Hier und Jetzt zurückkehren. Atme ruhig tief ein und wieder aus. Öffne die Augen und schaue dich wieder in deiner Umgebung um."

Diese kleine Zentrierungsübung können Sie immer dann verwenden, wenn Sie bemerken, dass Ihr Kind mit den Gedanken abschweift. Weitere Anzeichen, die auf eine mangelnde Konzentration Ihres Kindes hinweisen, könnten auch Vergesslichkeit, Zerstreutheit oder eine gewisse Unaufmerksamkeit sein. Bemerken Sie, dass Ihr Kind immer wieder den Blick von seinen Arbeitsmaterialien abwendet oder schnell wieder eine Lösung vergisst, die es vor ein paar Minuten noch gewusst hat? Malt Ihr Kind bei seinen Arbeitsblättern über den Rand und macht Schusseligkeitsfehler? Das können ebenfalls klare Indizien dafür sein, dass Ihr Kind gerade nicht ganz bei der Sache ist und eventuell eine kurze Pause benötigt. In diesen Fällen können Sie auf jeden Fall immer wieder auf die kurze Zentrierungsübung zurückgreifen, die Sie weiter oben bereits kennengelernt haben.

Nicht nur die normale kognitive Entwicklung eines Kindes hat einen Einfluss auf die persönliche Konzentrationsspanne eines Kindes. Es gibt unzählige weitere Einflussfaktoren, welche die kognitiven Leistungen eines Kindes beeinflussen. Fühlt sich Ihr Kind beispielsweise überlastet, weil es den Schulstoff nicht richtig versteht, oder ist es vielleicht sogar sehr erschöpft, weil das tägliche Freizeitprogramm extrem straff ist, kann die Konzentration Ihres Kindes langsam nachlassen. Hat Ihr Kind möglicherweise zu lange vor dem Fernseher gesessen, kann dies ebenfalls die Konzentration negativ beeinflussen. Die ständigen Reize und lauten Töne des Fernsehapparates, der Spielekonsole oder des Tablets sorgen bei Ihrem Kind für eine Überstimulation der Gehirnhälften. Das kindliche Gehirn hat also massive Schwierigkeiten, die verschiedenen Bilder richtig zu verarbeiten. Die Folge ist eine mentale Überanstrengung, die zu einer raschen Ermüdung sowie emotionaler Unausgeglichenheit führen kann. Damit so etwas gar nicht erst passiert, ist es ratsam, auf ein ausgewogenes Gleichgewicht von Medienkonsum und Erholung zu achten.

Nehmen wir beispielsweise die Geschichte von Melanie. Sobald sie von der Schule nach Hause kommt, greift sie zuallererst zum familieneigenen Tablet. Sie liebt es, dort verschiedene Videos über Tiere und Musiker zu schauen. Sie vergisst dabei völlig die Zeit. So kann es vorkommen, dass die Achtjährige bis zu drei Stunden am Stück vor dem Bildschirm sitzt. Soll sie danach ihre Hausaufgaben machen, dann reagiert sie erst einmal genervt und sogar ein bisschen aggressiv. Wenn sie es dennoch schafft, ihr Schulheft aufzuschlagen und sich auf die Hausaufgaben zu konzentrieren, kommt es sehr schnell dazu, dass sie innerlich unruhig wird. Dann spielt sie mit dem Stift und trommelt damit auf ihrem Heft herum. Stellt ihre Mutter ihr eine Frage zu den Aufgaben, verdreht Melanie nur die Augen und schaut nervös im Raum umher. Anstatt ihrer Mutter eine Lösung zu geben, fragt sie ständig nach dem Tablet. Wenn sich die Mutter versucht, durchzusetzen, wird Melanie nur noch unruhiger. Sie versteht dann nicht, warum sie nicht an das Tablet darf. Immerhin dürfen ihre Mitschüler auch das Tablet für ihre Hausaufgaben benutzen. Wenn sich ihre Mutter durchsetzt und ihr den Umgang mit dem Gerät verbietet, wird Melanie immer frecher und beleidigt ihre Mutter sogar. Es wirkt fast so, als ob sie sich nur konzentrieren könnte, wenn sie ihr Tablet an ihrer Seite hat. Die Mutter ist verzweifelt und wird demnächst einen Termin bei einer Familienberaterin vereinbaren. Sie möchte Melanie gemeinsam mit der Familienhilfe einen gesünderen Umgang mit sozialen Medien zeigen. Denn alle Ratschläge der Familie ignoriert sie, weshalb es immer wieder zu Konflikten kommt. Die Mutter erhofft sich durch die Zusammenarbeit mit der Hilfestelle, dass sich auch die Konzentrationsleistung von Melanie erheblich verbessern wird. Sie möchte, dass ihre Tochter einen gesünderen Umgang mit sozialen Medien erlernt und somit auch wieder freudiger der Schule und den damit verbundenen Aufgaben entgegenblickt.

Des Weiteren spielt der Schlaf eine entscheidende Rolle, wenn es um die Konzentrationsfähigkeiten Ihres Kindes geht. Ein unregelmäßiger Schlafrhythmus wirkt sich negativ auf das Lernverhalten des Kindes aus. Leidet es immer wieder an Einschlaf- oder Durchschlafstörungen, so sollte auf jeden Fall der Ursache auf den Grund gegangen werden. Denn Schlafmangel wirkt sich nicht nur auf die mentalen Fähigkeiten negativ aus, sondern beansprucht auch die körperliche Gesundheit in einem negativen Maße. Bei der Ursachenforschung sollten daher verschiedene Faktoren in Betracht gezogen werden. So können beispielsweise Stress innerhalb der Familie, Streitigkeiten mit Freunden oder eine allgemeine Überanstrengung im Alltag ursächlich für Schlafschwierigkeiten sein. Außerdem ist es heutzutage bereits zur Normalität geworden, dass schon Grundschulkinder vor dem Schlafengehen regelmäßig Zeit mit dem Handy verbringen. Durch die einströmenden Reize, meistens in Form von Internetvideos, wird das kindliche Gehirn mit vielen emotional aufwühlenden Themen konfrontiert, die in der Regel nicht altersgerecht sind. So werden sich häufig Videos zu den Themen Gaming oder sogar gewaltverherrlichende Inhalte angesehen. Das kann zur Folge haben, dass das Einschlafen erheblich erschwert wird. Da Kinder vor dem Handybildschirm oft die Zeit vergessen, kann es unter Umständen auch passieren, dass sie viel zu spät das Handy beiseitelegen, um sich auf das Schlafen einzustellen. Aus diesem Grund sollten kindliche Schlafstörungen immer ernst genommen werden, damit sich nicht nur die schulischen Leistungen wieder verbessern können, sondern das Kind auch wieder über mehr Lebensqualität verfügt.

Nehmen wir einmal das Beispiel von Eric. Er ist bisher immer ein guter Schüler gewesen. Seine Lieblingsfächer sind vor allem Mathematik und Biologie. In seiner Klasse ist auch sein bester Freund Max. Die beiden sind unzertrennlich und bewältigen in der Schule immer alles gemeinsam. Eines Tages erhält Eric plötzlich die Nachricht, dass Max in eine neue Stadt umziehen wird. Nun ist Eric am Boden zerstört. Die ersten Wochen ohne seinen besten Freund kann er kaum ertragen. Es fällt ihm ausgesprochen schwer, sich am Abend zu entspannen und pünktlich ins Bett zu gehen. Sobald er im Bett liegt, denkt er immer an Max. Was wird er wohl gerade machen? Diese Gedanken zerreißen ihn innerlich. Er dreht sich auf seiner Matte ständig hin und her und bekommt kein Auge zu. Er vermisst seinen Freund sehr und er möchte unbedingt mit ihm reden, spielen und Unsinn machen. Doch leider geht das nicht mehr, denn Max lebt nun fünf Autostunden von ihm entfernt. Ein quälender Gedanke, den Eric nicht einschlafen lässt. Der ständige Schlafmangel hat zur Folge, dass sich Eric immer weniger auf den Unterricht fokussieren kann. Somit fällt es ihm schwer, die gestellten Schulaufgaben richtig zu verstehen. Dadurch erlebt Eric einen rapiden Leistungsabfall. Sogar im Fach Biologie steht er jetzt im Jahresabschluss um eine ganze Note schlechter. Seine Eltern sind verzweifelt. Wie konnte das nur passieren? Sie bitten Eric um ein langes Gespräch, welches für sie nun Klarheit bringt. Eric gesteht, dass er seinen besten Freund Max unglaublich vermisst, sogar so sehr, dass er in der Nacht nicht mehr richtig schlafen kann.

Die Eltern sind verblüfft und überlegen, wie sie ihrem Sohn helfen werden. Sie rufen die Eltern von Max an, um eine gemeinsame Lösung für das Problem zu finden. Sie einigen sich darauf, dass die Jungs nun jedes Wochenende videochatten dürfen und einmal im Monat werden sich die Freunde sogar besuchen. Eric ist nun überglücklich. Nun kann er sich wieder besser konzentrieren, da seine Schlafstörungen kurz darauf verschwunden sind, wodurch sich auch seine schulischen Leistungen verbesserten. Die Familie ist erleichtert und die Noten von Eric sind von nun an wieder besser.

Wie Sie sehen, hat die kindliche Psyche einen wesentlichen Einfluss darauf, wie gut sich die Kinder auf eine bestimmte Aufgabe fokussieren können. Schaut man somit noch etwas tiefer in die kindlichen Denkweisen, dann fällt auf, dass vor allem psychische Notsituationen wie emotionaler Stress, ausgelöst durch Konflikte oder gehäufte Mobbingerfahrungen, für eine Konzentrationsschwäche verantwortlich sein können. Hier ist ein genauer Blick von Lehrkräften, Sozialarbeitern, Erziehern oder den Eltern gefragt. Bemerken diese, dass ein Kind ständigen Schikanen oder Bloßstellungen durch Mitschüler oder sogar Familienmitglieder ausgesetzt ist, dann ist Handlungsbedarf angezeigt. Damit die Konzentrationsleistung eines Kindes nicht noch mehr leiden muss, ist es wichtig, dass schädliche Situationen sofort erkannt werden und professionell eingegriffen wird. Auf diese Weise kann sich das Kind trotzdem noch gesund entwickeln und verliert nicht die Freude am Lernen. Auch für das mentale Wohlbefinden der Kinder sollte immer auf eine harmonische Lernatmosphäre geachtet werden. Nur so können Kinder das Beste aus sich herausholen und mögliche Konzentrationsschwierigkeiten leichter überwinden. Schauen wir uns einmal die Geschichte von Lea etwas genauer an. Sie hat in der fünften Klasse die Schule gewechselt und diese Veränderung fällt ihr deutlich schwer. Am Anfang verhalten sich ihre neuen Klassenkameraden noch freundlich und aufgeschlossen ihr gegenüber. Mit der Zeit bemerkt sie allerdings, dass vor allem die Mädchen in ihrer neuen Klasse immer wieder hinter ihrem Rücken tuscheln. Zu Beginn denkt sich Lea noch nichts dabei und versucht, einfach weiterhin dem Unterrichtsgeschehen zu folgen. Dabei macht ihr das Fach Englisch am meisten Spaß, denn es gelingt ihr ausgesprochen leicht, neue Vokabeln zu lernen und die wesentlichen Informationen eines Hörtextes zu verstehen. Sie schreibt ausschließlich Einser in diesem Fach, worauf sie sehr stolz ist.

Mit der Zeit entwickeln sich die Tuscheleien der Mädchen zu offensichtlichen verbalen Attacken. So zeigen sie jetzt offensichtlich mit dem Finger auf Lea und sagen verletzende Dinge wie: „Dieses Shirt hätte ich nicht unbedingt angezogen. Da sieht man ja wirklich so gut wie alles." Sie prusten lauthals vor Lachen los. Doch nicht nur das. Immer wenn Lea im Englischunterricht die richtige Antwort weiß und diese auch der Lehrerin offen mitteilt, werden ihre Worte mit abfälligen Kommentaren begleitet. So sagt eine Mitschülerin vor allen anderen Kindern zu ihr: „Ist ja mal wieder klar, dass du die richtige Lösung weißt. Kannst du eigentlich noch was anderes außer immer wieder deine Nase in irgendwelche Bücher zu stecken? Das ist doch komplett langweilig und öde oder stehst du auf so ein Leben als Loserin?" Lea läuft komplett rot an und ihr wird heiß und kalt zugleich. Vor lauter Schock weiß sie nicht so recht, was sie sagen soll, also schweigt sie einfach. Die Attacken der anderen Mädels werden immer offensichtlicher und härter. So lassen sie Lea beim Mittagessen alleine in der Cafeteria sitzen und würdigen sie keines Blickes mehr. Lea schiebt die Ablehnung ihrer Mitschüler auf ihre guten schulischen Leistungen, weshalb sie immer mehr unter Stress gerät und sich im Unterricht nicht mehr auf die Inhalte fokussieren kann. Das hat natürlich verheerende Folgen. Leas Noten werden immer schlechter. Sie kann sich, vor lauter Angst, etwas Falsches zu sagen, nicht mehr auf die Lerninhalte fokussieren. Außerdem führen die Attacken ihrer Mitschülerinnen dazu, dass auch ihr Körper immer mehr Stresssymptome zeigt. So wird ihr bereits frühmorgens schon schlecht und sie verspürt ständig Kopfschmerzen, wodurch sie immer seltener in die Schule geht. Die vielen Fehltage und die mangelnde Konzentration, die sie aufgrund von Ängsten entwickelt hat, führen dazu, dass Lea schulmäßig immer mehr abrutscht. Deswegen muss sie am Ende des Schuljahres leider eine Klassenstufe wiederholen.

Doch nicht nur die Psyche hat einen wesentlichen Einfluss auf die Konzentrationsfähigkeit. Auch die körperliche Gesundheit sollte man nicht außer Acht lassen, wenn man über die Ursachen von Konzentrationsschwierigkeiten nachdenkt. So gibt es viele Symptome und Krankheitsbilder, welche ebenfalls einen erheblichen Einfluss auf die Entwicklung einer Konzentrationsschwäche haben. So kann beispielsweise bei Kindern eine ADHS-Erkrankung für Schwierigkeiten sorgen und die Konzentrationsleistung des Kindes merklich herabsenken.

ADHS ist eine Aufmerksamkeitsdefizit-Hyperaktivitätsstörung, welche sich vor allem durch Konzentrationsschwäche, impulsives Verhalten und ausgeprägte Unruhe bemerkbar macht.

Im Allgemeinen fällt es Kindern mit diesem Störungsbild schwer, den Anforderungen vor allem im schulischen Kontext gerecht zu werden und den Fokus über einen längeren Zeitraum auf eine bestimmte Sache zu richten. Eine gezielte Förderung, wie beispielsweise durch das Selbstinstruktionstraining, wäre ein erster Anhaltspunkt, um die Konzentrationsschwäche in den Griff zu bekommen. Damit Sie dieses Training auch gleich in der Praxis mit Ihrem Kind umsetzen können, folgt nun die genaue Vorgehensweise dieser Methode anhand eines Beispiels.

Nehmen wir einmal den Fall von Julia. Sie hat unglaubliche Angst vor der nächsten Deutscharbeit, da sie unter einer Lese-Rechtschreib-Schwäche leidet. Des Weiteren wurde bei ihr in der Vergangenheit eine ADHS-Störung vom Kinderpsychologen bestätigt. Damit sich Julias Sorgen und Ängste nicht weiter verschlimmern, hat sich ihre Mutter zu dem Schritt entschieden, eine Lerntherapie in Anspruch zu nehmen. Mithilfe der Lerntherapeutin lernt sie die Methode der Selbstinstruktion, um ihr Verhalten und ihre Empfindungen durch an sich selbst gerichtete Anweisungen gezielt zu steuern und sich durch diesen inneren Dialog auf positive Weise zu beeinflussen. Gemeinsam haben sie sich das Ziel gesetzt, dass sich Julias Ängste verringern und sich ihre Konzentrationsfähigkeit steigern soll. Die Therapeutin geht wie folgt vor:

1. Sie erstellt gemeinsam mit Julia einen Ablaufplan, mit welchem sie ihre Ängste vor der nächsten Deutscharbeit verringern und sich ihre Konzentrationsfähigkeiten allgemein verbessern sollen. Die Lerntherapeutin arbeitet mit Julia die folgenden Arbeitsschritte heraus:

a. Als Erstes atme ich mehrmals tief ein und wieder aus, bis ich innerlich zur Ruhe gekommen bin.

b. Dann lese ich mir die Aufgaben ganz genau durch.

c. Wenn ich eine Frage zu den Aufgaben habe, dann stelle ich sie der Lehrerin, bevor die Arbeitszeit beginnt.

d. Sobald ich alle Aufgaben verstanden habe, beginne ich mit der einfachsten Aufgabe und bearbeite die Schwierigste ganz zum Schluss.

e. Wenn ich bemerke, dass meine Konzentration nachlässt oder ich innerlich unruhiger werde, dann fokussiere ich mich wieder auf meinen Atem und bearbeite die Aufgabe erst dann weiter, wenn ich innerlich zur Ruhe gekommen bin.

f. Sollte ich bemerken, dass meine Gedanken abschweifen, fokussiere ich mich sofort auf meinen Atem, um mich wieder auf das Wichtigste zu konzentrieren.

g. Sobald ich alle Aufgaben fertig bearbeitet habe, kontrolliere ich sie noch einmal, und wenn ich alle Fehler beseitigt habe, gebe ich die Arbeit ab.

2. Diese Schritte werden zuerst von der Lerntherapeutin laut ausgesprochen und auf einen Merkzettel aufgeschrieben.

3. Danach spricht Julia die einzelnen Arbeitsschritte gemeinsam mit der Lerntherapeutin aus.

4. Sobald Julia sich die Schritte sicher eingeprägt und verinnerlicht hat, spricht sie diese alleine laut und deutlich aus.

5. Im letzten Schritt des Trainings wiederholt Julia für sich die einzelnen Arbeitsschritte innerlich, ohne Unterstützung von außen.

6. Nun wurden die einzelnen Arbeitsschritte so gut verinnerlicht, dass Julia während der Deutscharbeit sofort auf diese Schrittabfolge zugreifen kann und sich somit innerlich ruhiger und weniger ängstlich fühlt.

Das Selbstinstruktionstraining kann man in der Praxis immer dann anwenden, wenn Schüler einzelne Arbeitsschritte wie Rechenaufgaben oder eben Selbstregulation lernen sollen. Es ist dafür konzipiert worden, dass Schüler das Gefühl erlangen, über eine bestimmte Situation die Kontrolle zu haben und sie somit besser bewältigen zu können. Die Selbstwirksamkeit des Kindes wird so auf eine sehr sanfte Art und Weise gefördert, wodurch es auch schwierigere Herausforderungen leichter handhaben kann.

Bei Schülerinnen kann außerdem der körpereigene Zyklus für mögliche Konzentrationsschwierigkeiten ursächlich sein. Daher sind ein sensibler Umgang, Verständnis und eine empathische Aufklärung wichtig, damit sich Ihr Kind rundum wohlfühlt und sich voll und ganz auf das Lernen einlassen kann. Des Weiteren können Nahrungsmittelunverträglichkeiten oder sogar Umweltgifte das kindliche Nervensystem angreifen und den Körper schwächen. So kann eine Glutenunverträglichkeit für unangenehme Symptome wie Schwindel, Schlafstörungen oder eben eine Konzentrationsschwäche sorgen. Eine umfassende Ernährungsberatung wäre ein erster Ansatz, um diesen negativen Auswirkungen entgegenzuwirken und dem betroffenen Kind somit zu mehr Lebensqualität zu verhelfen. Außerdem gibt es im Alltag viele toxische Stoffe, die sich auf die Konzentrationsleistung Ihres Kindes auswirken können. So findet man in vielen Textilien, aber auch Lebensmittelverpackungen verschiedene Gifte, welche die menschliche Gesundheit und somit auch die Konzentrationsfähigkeit rapide schwächen können. Ein gesunder Lebensstil und ein reflektierter Gebrauch von Alltagsgegenständen sind daher unerlässlich, um den Körper fit und mental gesund zu halten. Zusätzlich stellt viel Bewegung an der frischen Luft für Ihr Kind einen wichtigen Schutzfaktor dar, um möglichen Konzentrationsschwierigkeiten vorzubeugen. Gehen Sie daher mit gutem Beispiel voran und zeigen Sie Ihrem Kind, wie es mit einfachen Alltagstricks und den richtigen Nahrungsmitteln seine Konzentrationsfähigkeit selbständig verbessern kann. Hören Sie beispielsweise mit Ihrem Kind öfter seine Lieblingsmusik und tanzen Sie ausgelassen dazu. Dies verbessert nicht nur Ihre Fitness, sondern senkt Ihren Stresslevel außerdem noch auf ein angemessenes Niveau.

Die gute Laune sorgt des Weiteren dafür, dass man sich auf anstehende Aufgaben viel leichter fokussieren kann. Auch ein gutes Ausdauertraining wie regelmäßiges Joggen oder ein ausgewogener Spaziergang an der frischen Luft kann dabei behilflich sein, die Konzentrationsphasen Ihres Kindes erheblich zu verlängern, da das Gehirn mit ausreichend Sauerstoff versorgt wird. Außerdem können Sie mithilfe der Achtsamkeit dafür sorgen, dass sich die Aufmerksamkeit Ihres Kindes Stück für Stück immer mehr erhöht. Führen Sie regelmäßig verschiedene Fantasiereisen mit Ihrem Kind durch. Verabreden Sie sich einfach zu einer bestimmten Zeit, um eine kleine Entspannungsphase einzulegen. Sie können mit Ihrem Kind zusammen auch das Zazen, eine besondere meditative Übung, erlernen. Dafür nehmen Sie sich eine brennende

Kerze zur Hand und stellen diese in einem gewissen Sicherheitsabstand vor sich hin. Geben Sie Ihrem Kind die Anweisung, sich so lange wie möglich auf die Kerzenflamme zu fokussieren und mit den Gedanken zur Ruhe zu kommen. Optimalerweise sollte sich Ihr Kind einige Minuten auf die Flamme konzentrieren können. Beenden Sie die Übung, sobald Ihr Kind sich über einen längeren Zeitraum auf die Flamme konzentrieren konnte. Wiederholen Sie diesen Vorgang mehrmals die Woche. Auf diese Weise wird sich die Konzentrationsspanne des Kindes immer weiter verbessern. Somit wird auch seine Selbstwirksamkeit gestärkt und es wird feststellen, dass es alltägliche Herausforderungen mit mehr Leichtigkeit begegnen kann.

Leider gibt es aber auch körperliche Krankheiten, die sich auf die Konzentration des Kindes auswirken und nur von einem Arzt behandelt werden können. Ein paar Beispiele für solche körperlichen Ursachen wären Schilddrüsenerkrankungen, Wirbelsäulenverkrümmungen, Störungen der Gehirndurchblutung, Grippe oder sogar eine Lungenentzündung. Auch eine mangelnde Muskelspannung sollte ärztlich abgeklärt werden, da sie ebenfalls für Konzentrationsschwierigkeiten verantwortlich sein kann.

Im Bereich der Ernährung können Sie immer vor allem Nahrungsmittel verwenden, welche reich an Omega-3-Fettsäuren, wie Leinöl, Fisch oder Kürbiskerne, sind. Auch Heidelbeeren und Avocados sind wichtig, um dem eigenen Gedächtnis auf die Sprünge zu helfen. Außerdem sollte man seinen Körper mit ausreichend reinem Wasser versorgen und mindestens 2 Liter am Tag trinken. Beachtet man diese Ratschläge in seinem Ernährungsplan, ist eine verbesserte Konzentrationsleistung fast schon garantiert.

Wie Sie sehen, gibt es viele verschiedene Ursachen, die sich auf die Konzentrationsleistung Ihres Kindes auswirken können. Eine intensive Ursachenforschung ist also unabdingbar, um Ihrem Kind ganzheitlich helfen zu können. Scheuen Sie sich also nicht davor, gerade bei schwerwiegenden Konzentrationsstörungen einen Fachmann zu Rate zu ziehen. So können mögliche Probleme beizeiten richtig erkannt und behandelt werden, das Lernerlebnis Ihres Kindes wird nicht unnötig beeinträchtigt und vor allem verliert es nicht den Spaß am Lernen.

Grundlegende Gedanken zu unserem Schulsystem

In Deutschland gibt es eine allgemeine Schulpflicht, was bedeutet, dass alle Eltern dazu verpflichtet sind, ihre Kinder regelmäßig in die Schule zu schicken. Dabei ist es vorgeschrieben, dass jedes einzelne Kind mindestens 10 Jahre lang eine Schule besucht. Aus diesem Grund beginnt die Pflicht, wenn ein Kind sechs Jahre alt ist, und sie endet, wenn ein Schüler das 18. Lebensjahr erreicht hat oder schon vorher die Schullaufbahn idealerweise mit einem Schulabschluss abgeschlossen hat. Das Schulsystem ist dabei von Bundesland zu Bundesland verschieden aufgebaut. Während man in westlichen Bundesländern insgesamt vier Jahre eine Grundschule besucht und anschließend sechs Jahre eine Hauptschule oder Realschule absolviert, kann man bei sehr guten Leistungen nach den 10 Jahren auch noch zwei weitere Jahre am Gymnasium lernen, um das Abitur zu erreichen, welches ein Studium an einer Universität oder Fachhochschule ermöglicht. In östlichen Bundesländern sind die Schuljahre hingegen etwas anders aufgebaut, obwohl die Schulformen gleich sind. So geht man im Osten insgesamt fünf bis sechs Jahre in eine Grundschule, um anschließend die Oberschule zu besuchen, die entweder zu einem Hauptschulabschluss oder dem Realschulabschluss führt. Auch hier kann man bei sehr guten Leistungen noch zwei weitere Jahre die Schule besuchen und das Abitur abschließen. In der Regel wird nach der Grundschulzeit eine erste Auswahl getroffen, welche Kinder die Oberschule besuchen und welche an einem Gymnasium lernen dürfen. Der wichtigste Indikator ist dabei der Notendurchschnitt des Schülers, welcher nach dem Ende der Grundschulzeit erreicht wurde. Liegt dieser bei mindestens 2,5, so darf ein Schüler das Gymnasium besuchen. Jedoch ist der vorgegebene Durchschnitt von Bundesland zu Bundesland unterschiedlich und sollte daher vorab immer recherchiert werden.

Jedes Bundesland verfügt außerdem über seinen eigenen Rahmenlehrplan, bei welchem die einzelnen Lehrinhalte einer bestimmten Klassenstufe aufgelistet werden. Außerdem gibt es für Schüler, die aufgrund unterschiedlicher Beeinträchtigungen besondere Bedürfnisse haben, sogenannte Sonderschulen mit einem spezifischen Förderschwerpunkt. So werden in diesen Schulen Kinder betreut, die aufgrund verschiedener Störungsbilder, wie beispielsweise dem fetalen Alkoholsyndrom, kurz FAS (durch Alkoholkonsum der Mutter während der Schwangerschaft erleidet das Kind eine vorgeburtliche Schädigung), oder dem Angelman-Syndrom (eine angeborene, seltene genetische Veränderung auf dem Chromosom 15), auf keiner normalen Regelschule beschult werden können. Im deutschen Schulsystem gibt es viele Sonderschulen, welche verschiedene Schwerpunkte haben, darunter gibt es ebenfalls Schulen, welche nur für Blinde ausgestattet sind. Aufgrund der vielfältigen Schulformen wird man auf diese Weise den verschiedenen Lernniveaus der Schüler gerecht.

Wie Sie sehen, gibt es für die verschiedensten Lernbedürfnisse die passende Schulform in Deutschland. Darüber hinaus haben im deutschen Schulsystem in den letzten Jahren stetig Veränderungen stattgefunden. Aktuell spielt das Thema Digitalisierung eine sehr große Rolle im Bildungssektor. Der Grund dafür ist vor allem die Corona-Pandemie aus dem Jahr 2020, denn sie hat das digitale Homeschooling ins Leben gerufen. Das Unterrichten von zu Hause aus war vor der Pandemie ursprünglich nicht erlaubt. Alle Schüler waren dazu verpflichtet, täglich in die Schule zu gehen und vom Lehrer vor Ort beschult zu werden. Mittlerweile erlebt allerdings das digitale Lernen einen regelrechten Boom. Viele Klassenräume werden momentan von Grund auf modernisiert und auch die Art und Weise des Unterrichtens bekommt einen völlig neuen Touch. So wird das ausschließliche Lernen auf Tablets schrittweise vorangetrieben, wodurch auch noch Papier für Schulbücher gespart wird, da Ihr Kind alle benötigten Lernmaterialien auf einem Gerät abgespeichert und sofort griffbereit hat. Die ersten Schulen Deutschlands haben sogar ihr komplettes Schulkonzept erneuert. So gibt es zum einen viele freie Schulen in Deutschland, die sich an der Montessoripädagogik orientieren. Dieses Konzept basiert auf den Annahmen der italienischen Ärztin Maria Montessori. Ihr bekanntestes Leitbild lautet „Hilf mir, es selbst zu tun!", was so viel bedeutet wie: „Zeig mir, wie ich selbstständig das Leben bewältigen kann!" Das Grundprinzip basiert somit hauptsächlich auf der Selbstbestimmtheit der Kinder. Sie dürfen somit selbstständig entscheiden, womit sie sich beschäftigen und welche Fähigkeiten sie ausbauen wollen, und das ganz ohne Notendruck und Lernstress. Es gibt keine Stundenpläne, da Ihr Kind sein Lerntempo einfach selbst bestimmen kann. Zum anderen gibt es noch zusätzliche Schulformen, die sich stark an der Montessoripädagogik orientieren und anstatt eines Klassenverbandes sogenannte Lernwerkstätten darstellen, die auf verschiedene Räume verteilt sind und bei denen Ihr Kind selbst entscheiden kann, welches Schulfach es gerade bearbeiten möchte.

Des Weiteren gibt es keine stressigen Tests oder Noten, was den Lerndruck bei den Schülern vermindert. Dieses Schulkonzept beugt nicht nur Mobbing effektiv vor, sondern sorgt zusätzlich dafür, dass mögliche Schulängste effektiv abgebaut werden können. Leider steckt dieses Konzept noch in den Kinderschuhen, weshalb es noch nicht so viele Schulen gibt, die nach einem offenen Lernkonzept arbeiten. Ein Beispiel für solch eine Schule wäre allerdings die New School in Berlin, hier kann Ihr Kind den Tätigkeiten nachgehen, die auch wirklich zu seinen Interessen passen. Jedoch ist diese Art der Schulbildung noch auf dem Vormarsch und nur die Zukunft wird zeigen, wie sich dieses Konzept in Deutschland letztendlich etablieren wird. Im Vergleich dazu gibt es bereits seit dem 20. Jahrhundert die von Rudolf Steiner ins Leben gerufene Schulform der Waldorfpädagogik.

Der Grundgedanke dieser pädagogischen Ausrichtung ist die soziale Gerechtigkeit. Dies bedeutet, dass Schüler unabhängig von ihrer Begabung oder sozialen Herkunft gemeinsam in einem geschützten Rahmen lernen können. Dabei absolvieren alle Schüler insgesamt zwölf Schuljahre, ohne dabei in irgendeiner Klassenstufe sitzen zu bleiben. Wirft man einen genaueren Blick auf den Lehrplan, dann fällt auf, dass der Fokus während des Unterrichts vor allem auf der Förderung von handwerklichen und künstlerischen Fähigkeiten der Kinder liegt. Auf dem täglichen Stundenplan stehen also nicht nur die Grundlagenfächer wie Mathematik, Deutsch oder Englisch, sondern auch künstlerische Aktivitäten wie Kunst, Schauspiel und Musik. Der Grundgedanke dahinter ist, dass Ihr Kind nicht nur allgemeines Grundlagenwissen erhält. Es soll außerdem während der Unterrichtszeit die Chance bekommen, seine eigenen Interessen frühzeitig zu entdecken und ausleben zu können. Der pädagogische Fokus liegt also zusätzlich auf der Erkundung der eigenen Seele, wodurch den Schülern ein besserer Zugang zur Spiritualität gewährleistet wird. Ein harmonisches und friedvolles Miteinander ist ebenfalls ein sehr wichtiger Wert, welcher den Schülern vermittelt wird, damit sie sich zu empathischen Erwachsenen entwickeln können.

Ein weiteres Thema, über welches immer wieder auch in den sozialen Medien debattiert wird, ist die Chancengleichheit. In den vergangenen Jahren wurden verschiedene PISA-Studien durchgeführt, mit dem Ergebnis, dass vor allem Kinder aus sozial benachteiligten Familien, Migrantenkinder sowie Schüler mit erhöhtem Förderbedarf im Allgemeinen schlechtere Bildungschancen haben. Laut einer Studie des Instituts für Sozialarbeit und Sozialpädagogik e. V. aus dem Jahr 2016 leben rund zwei Millionen Kinder und Jugendliche in Armut. Dies hat schwerwiegende Folgen, vor allem für die Lernatmosphäre der Kinder. Durch das geringe Einkommen der Eltern verfügen Kinder aus einkommensschwachen Familien selten über ein eigenes Zimmer, wenn zusätzlich noch Geschwisterkinder im Haushalt leben. Das hat zur Folge, dass sich die wenigsten Kinder zum Lernen zurückziehen können, um ihre Schulaufgaben zu bewältigen. Schaut man sich außerdem verschiedene Untersuchungen zum Thema gesunde Ernährung und einkommensschwache Familien an, dann wird deutlich, dass ärmere Familien häufig wenig gesunde Nahrungsmittel zu sich nehmen, was unter anderem auch die Konzentrationsleistung der Kinder negativ beeinflusst. Außerdem leben einkommensschwächere Familien häufig sozial isoliert vom Rest der Gesellschaft und bleiben im Allgemeinen lieber unter sich. Vor allem Kinder mit Migrationshintergrund sind in dieser Hinsicht besonders belastet. Durch eine anfängliche Sprachbarriere, die nur mit zusätzlichem Deutschunterricht und somit mehr sprachlicher Förderung bewältigt werden kann, haben sie es zu Beginn sehr schwer, ihre Bedürfnisse und Empfindungen richtig auszudrücken. Die Kosten für einen Integrationskurs werden aber häufig vom BAMF (Bundesamt für Migration und Flüchtlinge) übernommen.

Auch Schüler mit besonderen Beeinträchtigungen haben es im deutschen Bildungs- und Arbeitssystem deutlich schwerer. Kinder mit erhöhtem Förderbedarf benötigen, aufgrund ihrer besonderen Bedürfnisse, eine umfassende und bedürfnisorientiertere Unterstützung. Um dies zu gewährleisten, fehlt es allerdings häufig an gut ausgebildetem Personal. So werden im heilpädagogischen Bereich immer mehr Experten benötigt, welche Kinder sowie Erwachsene mit geistigen Beeinträchtigungen oder Lernschwierigkeiten effizient in ihrer Entwicklung unterstützen können. In den letzten Jahren wurde das Projekt der Inklusion ständig weiter in den Vordergrund gerückt. So wurden in der Vergangenheit viele Sonderschulen mit dem Förderschwerpunkt „Lernen" geschlossen und die betroffenen Kinder dürfen von nun an eine Regelschule besuchen. Doch wie effizient ist dieses Vorgehen? Natürlich ist es wichtig, dass Schüler mit besonderen Lernbedürfnissen in die Gesellschaft integriert werden und somit ein wesentlicher Teil dieser Gesellschaft sind. Doch wie sieht dabei die praktische Umsetzung an deutschen Schulen aus? Zum einen profitieren die Kinder mit besonderem Förderbedarf vom Wissen der Mitschüler und können so Lerninhalte leichter verstehen und umsetzen. Kinder ohne eine Lernbeeinträchtigung lernen mehr Empathie und Rücksichtnahme gegenüber Schülern mit einem langsameren Lerntempo. Im Allgemeinen wird der Unterricht an deutschen Schulen nun vielfältiger und die Lehrmethoden einfallsreicher. So wird in jeder Unterrichtsstunde das individuelle Lerntempo der einzelnen Schüler berücksichtigt und es werden für jedes Lernniveau verschiedene Arbeitsblätter erstellt, um der Binnendifferenzierung und der Unterschiedlichkeit der Schüler gerecht zu werden.

Binnendifferenzierung bedeutet, dass die Lehrkraft ihre Aufgabenstellungen und Arbeitsblätter so konzipiert, dass für jedes Lernniveau eine Aufgabe auf dem Arbeitsmaterial vorhanden ist. Die ersten Aufgaben sind somit noch sehr einfach und werden aber von Aufgabenstellung zu Aufgabenstellung schwieriger.

Ein Beispiel für ein Arbeitsblatt wäre:

1. Unterstreiche im Text die Substantive grün!
2. Formuliere für jeden Textabschnitt die passende Teilüberschrift!
3. Schreibe eine Erörterung zu dem vorliegenden Sachtext! Gib dabei mindestens 3 Pro- und 3 Kontra-Argumente an!

Wie Sie sehen, werden die Anforderungen an den Schüler von Aufgabe zu Aufgabe schwerer. Er entscheidet aber selbst, welche Vorgaben seinem Kompetenzbereich entsprechen, und bearbeitet die Aufgaben, die ihm wirklich gut gelingen.

Außerdem bekommen Kinder mit besonderen Lernbedürfnissen während des Unterrichts einen Assistenten an die Seite gestellt, um dem Unterricht besser folgen zu können. Schüler mit einer Sehbehinderung können sich dank eines Computers mit einer elektronischen Tafel verbinden und für hörgeschädigte Kinder wurden viele Klassenräume so umgestaltet, dass die Raumakustik deutlich verbessert wurde.

Momentan ist die Herausforderung für viele pädagogische Fachkräfte noch sehr groß, denn das Projekt der bundesweiten Inklusion steckt noch in den

Kinderschuhen. So müssen Lehrmethoden überdacht und die Art und Weise der Unterrichtsgestaltung neu ausgerichtet werden. Jedoch gibt es auch viele positive Aspekte der inklusiven Lernerfahrungen. Kinder und Jugendliche lernen, sich empathischer gegenüber ihren Mitschülern zu verhalten und soziale Verantwortung zu übernehmen, indem sie den förderbedürftigen Mitschülern in ihrem Lernprozess die Hand reichen und sie bei Problemen unterstützen. Auch mögliche Barrieren und Vorurteile können durch das gemeinsame Lernen effizient abgebaut werden. Somit wird das soziale Miteinander mit der Zeit immer harmonischer und verständnisvoller werden. Auch wenn viele Lehrkräfte gestresst sind und die Umstellung zur inklusiven Lernumgebung, also einem geschützten Raum, in dem Kinder mit und ohne Beeinträchtigung zusammen lernen können, viel Fleiß und Geduld erfordert, so leisten sie doch einen großen Beitrag dazu, dass sich die Gesellschaft in eine viel weltoffenere und verständnisvollere Richtung entwickelt. Die offeneren Schulkonzepte sind auf jeden Fall der erste Schritt in die richtige Richtung, um vielen Schülern den Spaß am Lernen wieder zurückzuholen und den Druck von den Schultern zu nehmen. Wie gut sich diese Konzepte in der Zukunft bewähren und Ihr Kind auf das Arbeitsleben vorbereiten, wird sich in den nächsten Jahren zeigen.

Gesellschaftliche Erwartungshaltung vs. Individualität

Was erwarten wir eigentlich von den heutigen Schülern? Zur damaligen Zeit war es stets wichtig, dass alle Schüler brav in die Schule gehen, dem Lehrer aufmerksam zuhören und gute Noten schreiben, um im späteren Leben einen gesellschaftlich anerkannten Beruf wie Arzt oder Anwalt ausüben zu können. Doch ist diese Erwartungshaltung heutzutage immer noch aktuell? Natürlich gibt es heutzutage noch viele Erwachsene, die eine übersteigerte Erwartungshaltung gegenüber Ihrem Kind zeigen und von ihm Fähigkeiten verlangen, die es in so jungen Jahren noch gar nicht erfüllen kann, oder sie agieren gegen die persönlichen Neigungen des Kindes und verlangen von ihm, dass es in Fächern wie Mathematik oder Physik herausragende Leistungen zeigt, obwohl es sich doch eher für Sprachen und Kunst interessiert. Die Folge daraus ist, dass das Kind die Freude und die Motivation am Lernen verliert und sich schlimmstenfalls gar nicht mehr für die Schule interessiert. Eine Abwärtsspirale beginnt, die sich wahrscheinlich nur durch pädagogische Interventionen wie Elterngespräche oder motivierende Lernangebote vermeiden lässt. Doch woher stammt eigentlich dieser Leistungsdruck, der nicht nur in den privaten Haushalten vorherrschend ist, sondern unsere ganze Gesellschaft scheinbar im Griff hat?

Seit ihren Kindheitstagen bekommen viele Erwachsene von der eigenen Familie und der äußeren Lebenswelt eingetrichtert, dass man nur erfolgreich sein kann und viel Geld verdient, wenn man ein Studium abgeschlossen hat. Außerdem sind die meisten noch so konditioniert, dass man möglichst schnell seinen Abschluss in der Tasche haben muss, damit man auf dem Arbeitsmarkt für viele Arbeitgeber überhaupt noch attraktiv erscheint. Des Weiteren erhalten viele Erwachsene nur durch ihre guten Leistungen ein solides Selbstwertgefühl. Doch ist diese Grundeinstellung zum eigenen Selbst wirklich richtig?

Ein Mensch, der seinen eigenen Wert nur durch seine geleistete Arbeit definiert, wird wahrscheinlich nie vollständig zufrieden mit sich selbst sein, denn er wird immer wieder die Mängel an seinen Arbeiten sehen und Dinge, die er noch verbessern könnte. Sein Inneres kommt also nie wirklich zur Ruhe, wodurch er immer wieder auf der Suche nach der eigenen Perfektion ist. Ein langer Kampf, der wahrscheinlich erst zu Ende geht, wenn jeder Einzelne erkennt, dass nicht die Leistung an sich einen Menschen wertvoll erscheinen lässt, sondern die Art und Weise, wie jeder Einzelne mit seiner sozialen Umwelt interagiert. Ein Mensch, der seine Stärken kennt und fest in sich selbst verankert ist, wird alles dafür geben, damit seine Mitmenschen selbst das Positive und Liebenswerte in sich entdecken. Auch die Digitalisierung sorgt dafür, dass der gesellschaftliche Druck langsam nachlässt. Natürlich ist es auch in der heutigen Zeit extrem wichtig, dass Kinder einen höheren Bildungsabschluss erreichen, damit sie erfolgreich ein Studium absolvieren können. Jedoch wird vielen jungen Menschen immer mehr bewusst, dass sie dank der Digitalisierung im Bildungswesen vielfältige Möglichkeiten haben, ihr persönliches Know-how auch noch bis ins hohe Erwachsenenalter zu erweitern.

Viele Erwachsene wissen, dass man dank eines Fernstudiums oder einer Abendschule verschiedene Schulabschlüsse oder sogar ein komplettes Studium online abschließen kann, ohne jemals einen Hörsaal oder dergleichen betreten zu haben. Dieses Wissen regt viele Menschen zum Umdenken an und eröffnet den Schülern die Möglichkeit, sich beruflich auszuprobieren und sogar frühere Fehltritte in der Schule, wie Unaufmerksamkeit im Unterricht oder regelmäßige schlechte Noten in einem Fach, wieder auszugleichen. Dadurch werden die Individualität und die Lernbedürfnisse eines jeden einzelnen Schülers berücksichtigt und es öffnet auch noch im Erwachsenenleben viele Türen, um die Karriereleiter nach oben zu steigen. Auch wenn die Digitalisierung rasant fortschreitet und die Bildungslandschaft momentan erheblich verändert, wird diese neue Entwicklung von einigen Erwachsenen trotzdem noch mit sehr viel Skepsis betrachtet. Sie setzen ihr Vertrauen noch auf den altbekannten Lernweg und erwarten von ihren Kindern von Anfang an herausragende Leistungen in der Schule, damit sie beizeiten ein Studium beginnen können und eine erfolgreiche Karriere anstreben, und das ohne größere Umwege. Aus diesem Grund üben sie einen gewissen Druck auf die Kinder aus und erwarten von ihnen, dass sie in der Schule alles geben und gute

Noten schreiben. Doch wie fördernd sind die Erwartungshaltungen der Eltern an die Schulleistungen ihres eigenen Kindes? Viele Studien zu diesem Thema zeigen, dass, wenn die eigenen Eltern zu hohe Erwartungen an die Leistungen des Kindes stellen, es dann in der Schule eher schlechtere Leistungen zeigt. Ein Grund dafür könnte sein, dass sich das Kind überfordert fühlt und dadurch innere Ängste entwickelt, die sich im schlimmsten Fall sogar zu Denkblockaden ausweiten können. Der Druck erzeugt inneren Stress beim Kind, da es seine Eltern nicht enttäuschen will, wodurch es unter seinem Leistungsniveau bleibt und als Folge eben auch schlechtere schulische Ergebnisse erzielt.

Im Gegensatz dazu sind Eltern, die das Leistungsniveau ihres Kindes genau richtig einschätzen und nur ein bisschen Druck ausüben, förderlicher für die schulische Entwicklung des Kindes. Das Kind fühlt sich mit seinen Begabungen und Talenten gesehen und es weiß auch, dass es sich den einen oder anderen Fehltritt erlauben kann, ohne selbstwertmindernde Konsequenzen von seinen Erziehungsberechtigten zu erwarten. Es wird also in jedem Fall sein Bestes geben und keine größeren Angstsymptome vor einer Prüfung empfinden, da es weiß, dass es zu Hause keinen Ärger geben wird. Wie Sie sehen, sind gewisse Erwartungshaltungen dem Kind gegenüber gut, um es zu seinen besten Leistungen zu motivieren und um ihm zu zeigen, dass man als Lernpartner immer an der Seite des Kindes steht. Eine Überforderung sollte jedoch in jedem Fall vermieden werden, weil dies seine schulische Laufbahn negativ beeinflussen kann. Dann wären Lernfrust und schlechte Noten möglicherweise die bitteren Folgen und das Kind kann sein volles Potenzial nicht vollständig ausleben. Geht man noch einen Schritt weiter und schaut sich einmal die heutige Studentenlandschaft an, wird deutlich, dass vor allem junge Erwachsene, die aufgrund von familiärem Druck ein Studium beginnen, viel häufiger abbrechen oder an psychischen Belastungsreaktionen wie Depressionen oder Angstzuständen leiden, weil sie dem Druck einfach nicht standhalten können. Ein Studiengangwechsel oder schlimmstenfalls ein Studienabbruch sind die verheerenden Konsequenzen und sorgen dafür, dass sich viele Studenten erschöpft fühlen, weil sie sich im Leben scheinbar orientierungslos umherbewegen und keine wirkliche Zukunftsperspektive für sich selbst erkennen können.

Doch führt der Weg zum beruflichen Erfolg wirklich immer über den altbekannten Pfad eines Studienabschlusses? Schaut man sich einmal ein paar berühmte Unternehmer aus der Praxis an, dann lautet die Antwort ganz klar: Nein! Es gibt viele Beispiele von bekannten Persönlichkeiten, die es ganz ohne Abschluss geschafft haben, ein millionenschweres Business aufzubauen. Schauen Sie sich doch einmal Mark Zuckerberg, den bekannten Gründer von Facebook, an. Er brach nach zwei Jahren sein Studium ab und widmete sich voll und ganz seinem Projekt und seiner Vision, so viele Menschen wie möglich miteinander zu vernetzen. Seine Ausdauer zahlte sich auf jeden Fall aus, denn die Website Facebook zählt schon seit Jahren zu den meistbesuchten

Internetseiten überhaupt. Wer von Ihnen hat nicht schon einmal eine alte Bekanntschaft wiedergefunden, weil er sie auf Facebook hinzugefügt hat? Man kann mit Sicherheit sagen, dass Mark Zuckerberg seine Mission erreicht und durch sein Herzensprojekt dafür gesorgt hat, dass sich selbst Personen, die sich jahrelang aus den Augen verloren hatten, nur durch einen einzigen Klick wiedergefunden haben.

Ein weiteres prominentes Beispiel wäre Steve Jobs. Der Apple-Gründer begann zwar auch ein Studium, schloss dieses aber nie ab. Er gründete lieber seine eigene Elektronikmarke, die heute weltweit unter dem Namen Apple bekannt ist, und machte mit seiner Businessidee einen Milliardenumsatz. Durch seine iPhones können Millionen von Menschen heute im Internet surfen und sich mit Personen aus aller Welt vernetzen. Doch nicht nur das, denn auch das Internet bietet mittlerweile viele Möglichkeiten, um selbstständig von zu Hause aus sein eigenes Geld zu verdienen. So entwickelte sich mit der Zeit der Beruf des Influencers, der dadurch geprägt ist, dass vor allem junge Menschen ihre Leidenschaften mit der Internet-Community teilen und durch so viele Klicks wie möglich ihr eigenes Einkommen generieren.

Ein berühmtes deutsches Beispiel wäre Bianca Claßen, bekannt durch BibisBeautyPalace. Sie ist durch Schminkvideos auf YouTube berühmt geworden, in denen sie ihre Lieblingspflegeprodukte und ihre Alltagslooks mit ihrer Community teilte. Mit der Zeit wurden ihre Videos immer privater und sie zeigte ihrem Publikum ihren gesamten Alltag in sogenannten Vlogs. Durch ihre witzige und authentische Art gewann sie somit die Herzen von Millionen Zuschauern und konnte nach wenigen Jahren von ihren YouTube-Videos leben und sich ein beachtliches Einkommen aufbauen.

Wie Sie sehen, gibt es in der heutigen Zeit viele alternative Wege, um etwas aus seinem Leben zu machen und selbst noch im Erwachsenenalter, mithilfe eines Fernstudiums, eine akademische Laufbahn zu absolvieren. Man benötigt nur den nötigen Willen, Disziplin und vielleicht auch etwas Kreativität, um mit einer zündenden Idee und viel Durchhaltevermögen ein neues berufliches Kapitel aufzuschlagen und dem Druck der Leistungsgesellschaft zu entrinnen.

Kleine Menschen, große Persönlichkeiten

Kinder kommen meist schon mit ihrer eigenen Persönlichkeit und ihren einmaligen Charakterzügen auf diese Welt. Sie besitzen ihre eigene Art und Weise, die Welt um sie herum wahrzunehmen und die gesammelten Eindrücke durch eigene Schlussfolgerungen zu verarbeiten. Von daher ist es sehr wichtig, jedes Kind in seiner Individualität und Einzigartigkeit anzuerkennen und zu versuchen, seine Sicht der Dinge zu verstehen. Diese Grundeinstellung vermittelt Ihrem Kind nicht nur Vertrauen, sondern ermöglicht es ihm auch, Sie als empathischen Bildungsbegleiter wahrzunehmen. Es gibt unzählige Wesensmerkmale, welche die einmalige Persönlichkeit Ihres Kindes ausmachen und es in dieser Welt zu einem Unikat werden lassen. In diesem Kapitel werden Sie Wissenswertes über verschiedene Verhaltensweisen von Kindern kennenlernen und dadurch vielleicht besser nachvollziehen können, wie Ihr Kind seine Umwelt sieht und auf welche einmalige Weise es seine eigenen Eindrücke verarbeitet. Sie werden viel Neues über Aufmerksamkeitsprobleme bei Kindern und mögliche ADHS-Diagnosen erfahren und außerdem darüber, wie Kinder mit Hypersensibilität ihre Umwelt wahrnehmen und in welchem Licht sie ihre Mitmenschen sehen. Außerdem erhalten Sie einen kompakten Überblick und einen ausführlichen Vergleich zwischen introvertierten und extravertierten Kindern. Was sind die wesentlichen Unterschiede dieser zwei Persönlichkeitstypen und was zeichnet sowohl introvertierte als auch extravertierte Kinder aus? Auf den folgenden Seiten werden Sie mehr zu diesem spannenden Thema erfahren und sicher hilfreiche Antworten auf diese Fragen finden.

Von Aufmerksamkeitsproblemen und ADHS-Diagnosen

Jeder von uns kennt bestimmt die folgende Situation aus dem eigenen Alltag. Man sitzt gedankenverloren vor seinem Computer und kann kaum einen klaren Gedanken fassen. Eigentlich möchte man seine wichtigsten Arbeitsaufgaben erledigen, damit man nicht in Zeitnot gerät und schlimmstenfalls noch Ärger mit seinem Chef oder seinen Kollegen bekommt und als verantwortungsloser Arbeitnehmer angesehen wird. Doch stattdessen lässt man immer wieder seine Gedanken einfach schweifen und schaut mal hier aufs Handy oder checkt seine empfangenen Mails. Kurz um, man versucht alles Mögliche, um die eigene Aufmerksamkeit von der unliebsamen Tätigkeit wegzulenken und sich angenehmeren Aktionen zuzuwenden. Jeder Mensch ist also zu einem gewissen Grad unaufmerksam, vor allem dann, wenn es um Tätigkeiten geht, die mit viel Arbeit verbunden sind und selten Spaß machen. So ist es natürlich auch bei Kindern. Sobald sie mit Arbeitsaufgaben konfrontiert werden, welche sie als anstrengend und langweilig bewerten, werden Sie sehr schnell bemerken, dass sowohl die Motivation als auch die Aufmerksamkeitsspanne innerhalb kürzester Zeit bei null angekommen ist und sich die Kinder lieber wieder auf spaßigere Aktionen einlassen wollen, die mehr Aufregung versprechen. Doch ab welchem Zeitpunkt sollte man einmal genauer hinsehen, um zu erkennen, ob hinter der gezeigten Langeweile und der Sprunghaftigkeit nicht doch ein schwerwiegenderes Aufmerksamkeitsproblem liegt? Um diese Frage beantworten zu können, sollten Sie erst einmal wissen, wie ADHS definiert wird:

ADHS ist die Abkürzung für eine **Aufmerksamkeitsdefizit- und Hyperaktivitätsstörung** und bezeichnet eine Verhaltensstörung, die sich durch extreme Impulsivität, Hyperaktivität und Unaufmerksamkeit bemerkbar macht. Die Betroffenen fallen vor allem durch Unruhe, ständige Wutanfälle, Stimmungsschwankungen und der Neigung zu häufig auftretenden Unfällen auf.

Wie Sie an der oben angeführten Definition wahrscheinlich schon erkennen können, ist es außerordentlich schwer, Konzentrationsprobleme mit einer ADHS gleichzusetzen. Behalten Sie daher immer im Hinterkopf, dass Konzentrationsprobleme multifaktoriell begründet sein können, was bedeutet, dass es mehrere Ursachen für einen Konzentrationsmangel bei Kindern gibt, die nicht immer sofort mit einer ADHS verglichen werden sollten. So können temporäre seelische Konflikte das Konzentrationsvermögen eines Kindes stark beeinträchtigen. Wenn es beispielsweise im häuslichen Umfeld immer wieder zu Konflikten kommt oder ein Kind in der Schule starkem Mobbing ausgesetzt ist, kann das ebenfalls zu psychischen Symptomen wie Unaufmerksamkeit oder Impulsivität führen, da sich das Kind in einer seelischen Notlage befindet, aus diesem Grund große Wut empfindet und sich daher nicht mehr richtig auf die gestellten Aufgaben fokussieren kann. Die ständige Angst, im Unterricht wieder den Attacken von Mitschülern ausgeliefert zu sein, führt nicht selten zu einer inneren Anspannung, wodurch sich auch die Konzentrationsleistung rapide verschlechtern kann. Ist ein Kind über einen längeren Zeitraum solchen Demütigungen ausgesetzt, kommt es nicht selten auch zu Schlafstörungen, und wie Sie bereits wissen, führen längerfristige Probleme mit dem Schlaf nicht selten auch zu Konzentrationsschwierigkeiten. Auch vorübergehende körperliche Symptome wie Kopfschmerzen, Übelkeit oder Schwindelgefühle können nicht nur das Wohlbefinden des Kindes stark beeinträchtigen, sondern auch dafür sorgen, dass sich das Kind nicht mehr auf die gestellten Anforderungen einlassen kann.

Außerdem sollten Sie bei den ersten Anzeichen einer mangelnden Konzentrationsfähigkeit die Lernumgebung Ihres Kindes einmal ganz genau unter die Lupe nehmen. Gibt es irgendwelche Reize wie flackerndes Licht, ein interessantes Fenster, das zum Träumen einlädt, oder Spielsachen, die in diesem Moment einfach spannender für das Kind wirken? Versuchen Sie, solche Störquellen möglichst zu vermeiden. Räumen Sie Spielsachen aus der Blickweite des Kindes und finden Sie einen Lernplatz für Ihr Kind, der zwar hell ist, aber nicht unbedingt zum Gedanken-schweifen-Lassen einlädt. Sorgen Sie für eine lernfreundliche und möglichst reizarme Umgebung, damit sich Ihr Kind während der Lernzeit wirklich auf das Wesentliche fokussieren kann, nämlich das Lernen.

Wie Sie bereits wissen, beträgt die durchschnittliche Aufmerksamkeitsspanne von Grundschulkindern in etwa 15 bis 20 Minuten. Sollte Ihnen also auffallen, dass bei einem Kind die Aufmerksamkeit über einen längeren Zeitraum, bei einer bestimmten Tätigkeit, deutlich unter diesem Richtwert liegt, sollten Sie einmal genauer hinsehen, ob nicht doch ein Aufmerksamkeitsproblem hinter der gezeigten Unaufmerksamkeit steckt. Besprechen Sie Ihre Beobachtungen am besten auch mit den Eltern, Kollegen und anderen Fachpersonen, um den möglichen Ursachen für das gezeigte Verhalten auf den Grund zu gehen. Treten neben der Konzentrationsschwäche noch weitere Auffälligkeiten wie Impulsivität oder Hyperaktivität auf, sollte auf jeden Fall ein Fachmann, wie beispielsweise ein Psychologe für Kinder und Jugendliche, um möglichen Rat gefragt werden, da bei dieser Symptomatik eine ADHS sehr wahrscheinlich ist. Doch an welchen Verhaltensweisen erkennen Sie eine ADHS und wie lässt sie sich von normalen Aufmerksamkeitsproblemen klar abgrenzen? ADHS kann sich in ganz unterschiedlichen Formen zeigen. Vordergründig können Sie die folgenden Symptome bei dieser Verhaltensstörung an Kindern beobachten:

1. Auf ihr Umfeld wirken sie auffallend zappelig, deshalb fällt es ihnen außerordentlich schwer, über einen längeren Zeitraum still auf ihrem Platz zu sitzen und den Anweisungen der Lehrperson zu folgen.

2. Vor allem bei freien Spielangeboten wirken sie sehr überdreht. So rennen sie von einem Spiel zum nächsten und bleiben nur für eine kurze Zeitspanne bei einer einzigen Tätigkeit.

3. Bei der Erfüllung einer Aufgabe dauert es nicht lange, bis sie auffallend schnell übermäßig frustriert sein können. Wenn sie mit einer bestimmten Aufgabe nicht zurechtkommen, dann geben sie sehr schnell auf und kümmern sich gleich wieder um eine neue Tätigkeit, die ihnen in ihren Augen viel besser liegt.

4. Sie sind extrem ungeduldig. Dauert ihnen eine Aufgabe zu lange, dann lassen sie die anderen ihren Unmut recht schnell wissen. Entweder wenden sie sich gleich wieder einer neuen Tätigkeit zu und wenn das nicht möglich ist, dann machen sie Faxen oder sprechen munter mit ihren Mitschülern und lenken sie somit von der eigentlichen Aufgabe ab.

5. Sie wirken auf ihr Umfeld sehr zerstreut. So schweifen sie mit ihren Gedanken immer wieder ab oder unterbrechen ihren derzeitigen Gedankengang und springen zu einem neuen Thema über. Wenn sie beispielsweise gerade über ihr letztes Ferienerlebnis erzählen und dann auf einmal einen niedlichen Hund sehen, dann kann es passieren, dass sie plötzlich anfangen, über ihre Lieblingshunderassen zu plaudern, ohne den vorherigen Satz richtig beendet zu haben.

6. Außerdem vergessen sie auch ganz gern einmal, welche Aufgabe sie eigentlich gerade erledigen wollten. Soll das Kind beispielsweise gerade eine Schulaufgabe lösen, kann es vorkommen, dass es plötzlich den richtigen Lösungsweg wieder vergisst, den es vor zwei Minuten noch gewusst hat. Eine Ursache für dieses Problem könnte die für die ADHS charakteristische Unkonzentriertheit sein.

7. Des Weiteren haben Kinder mit ADHS auffällig häufig Probleme mit ihrer Feinmotorik. So fällt es ihnen beispielsweise beim Basteln nicht immer leicht, entlang einer vorgegebenen Linie zu schneiden oder ein Papier nach Anleitung zu falten. Zudem kann das Schreiben für sie eine Herausforderung darstellen, vor allem dann, wenn sie die Hände verkrampfen und somit der Stift nicht richtig in den Fingern liegt. Auch das Nachfahren einer Linie mit dem Füllhalter kann mit angespannter Handhaltung zu einer großen Challenge werden.

Die aufgelisteten Symptome sind vor allem bei Kindern beobachtbar, die vordergründig die Verhaltensweisen einer ADHS zeigen. Nun kann man von der ADHS aber noch ein zweites Verhaltensmuster bei Kindern ableiten, nämlich die ADS. Doch was genau unterscheidet denn jetzt diese beiden Persönlichkeitstypen voneinander? Kinder mit einer ADS machen sich vor allem durch die folgenden Persönlichkeitsmerkmale bemerkbar:

1. Sie wirken sehr verträumt und schweifen immer wieder mit ihren Gedanken ab. Es scheint fast so, als seien sie in ihrer eigenen Traumwelt, aus der sie nur ungern wieder hinaustreten wollen.

2. Unter Umständen können sie auf ihr soziales Umfeld ausgesprochen ängstlich wirken. Es fällt ihnen schwer, sich auf unbekannte Situationen einzulassen, weshalb sie häufig eine helfende Hand brauchen, um sich für neue Herausforderungen zu öffnen.

3. In seltenen Fällen können soziale Interaktionen zu großen Missverständnissen führen, da ADS-Kinder ein sehr empfindliches Gemüt haben. Diese Sensibilität kann natürlich auch gewinnbringend für das soziale Umfeld sein, sofern sich alle Personen auf die sensiblen Reaktionen des Kindes einstellen

und in der Interaktion mit dem Kind eine empathische Ausdrucksweise wählen. Somit fühlt sich keiner verletzt und das Kind fühlt sich in seinem Selbstwertgefühl nicht angegriffen.

4. Viele ADS-Kinder machen einen extrem schüchternen Eindruck auf ihre Mitmenschen. So kann es bei einigen Kindern vorkommen, dass sie erst einmal eine kurze Aufwärmphase brauchen, um mit neuen Leuten in Kontakt zu treten und sich ihnen zu öffnen. Neue Situationen oder sogar Aktivitäten werden zu Beginn erst einmal vermieden. Sobald sie sich aber sicher genug in ihrer Haut fühlen, probieren sie auch unbekannte Hobbys aus. In seltenen Fällen nehmen sie anfangs bekannte Bezugspersonen mit, damit sie sich in der neuen Umgebung wohler fühlen können und einen Schutzanker haben, an den sie sich wenden können, wenn ihnen die Situation zu viel wird.

5. Im Vergleich zu anderen Kindern erledigen ADS-Kinder ihre Aufgaben etwas langsamer. Das mag wohl auch zu einem Großteil daran liegen, dass sie gerne verträumt in die Ferne blicken oder ihre Gedanken einfach mal schweifen lassen. Bei so viel Verträumtheit und Fantasie kommt es durchaus vor, dass sie das Wesentliche vergessen und ihre eigentlichen Verpflichtungen zeitlich verzögert angehen. Manchmal kann es auch sein, dass sie ihre Aufgaben perfekt machen wollen und sich aus diesem Grund für die Erfüllung der gestellten Herausforderung extra viel Zeit nehmen, damit sie mit ihrem eigenen Ergebnis auch wirklich zufrieden sind.

Sowohl ADHS-Betroffene als auch ADS-Persönlichkeiten haben also viele interessante Charakterzüge, die sie als Mensch einzigartig erscheinen lässt. Doch wo liegen eigentlich genau die Stärken und Schwächen dieser besonderen Kinder? Durch ihre Verträumtheit sind sie natürlich äußerst kreativ, was ihnen sowohl bei der Lösung eines Problems zugutekommt als auch bei der Realisierung von neuen kreativen Projekten einen entscheidenden Vorteil bietet. So sind manche AD(H)S-Betroffene sehr gute Geschichtenerzähler, es fällt ihnen demnach nicht schwer, aus den aufgenommenen Eindrücken ihres Alltags neue und interessante Erzählungen zu kreieren. Dabei sind ihre Ausführungen nicht selten so lebendig, dass man als Zuhörer meistens selbst von ihrer atemberaubenden Abenteuerlust gepackt wird und sich von den Geschichten mitreißen lässt. Jedoch kann zu viel Verträumtheit sich auch nachteilig auf den Alltag auswirken. So kann es vorkommen, dass sie durch ihre Träumereien den Bezug zu ihren wesentlichen Aufgaben und Verpflichtungen verlieren. Somit können sie den Anforderungen nicht wirklich standhalten und brauchen meist länger, um ihre Verpflichtungen zu erfüllen. Das kann vom sozialen Umfeld auch manchmal als mangelnde Belastbarkeit ausgelegt werden und macht einen eher negativen Eindruck. Jedoch lassen sich ADHS-Betroffene relativ schnell wieder für neue Aktivitäten begeistern. Im Gegensatz zu ADS-Kindern probieren ADHS-Kinder sehr gerne viele neue Dinge aus, wie beispielsweise Mountainbike fahren, an der Kletterwand klettern oder ein spontanes Fußballspiel. Sie sind immer dort zu finden, wo es viel Action und Abenteuer gibt. Sie lieben es einfach, sich auf neue Möglichkeiten einzulassen und sich dem Nervenkitzel einmal richtig hinzugeben. Außerdem sind solche Herausforderungen die beste Gelegenheit für sie, um ihre Fähigkeiten mit den Kompetenzen von Gleichaltrigen zu messen. Sie sind also immer für spontane Aktivitäten zu haben, was sie nicht selten zu einem hervorragenden Spielpartner werden lässt. Dennoch kann es vor allem bei Gruppenaktivitäten manchmal passieren, dass ihnen ihre Impulsivität einen Strich durch die Rechnung macht. Durch ihr temperamentvolles Wesen fällt es ihnen öfter schwer, sich an Regeln zu halten, wodurch sie im Spielgeschehen öfter negativ auffallen können. So kann es zum Beispiel bei einem hitzigen Fußballspiel immer wieder zu Spielunterbrechungen kommen, weil sie mit der gegnerischen Mannschaft in einen Disput geraten sind. Wurde beispielsweise ein Punkt in ihren Augen falsch gewertet, kann es durchaus vorkommen, dass sie mit dem Torwart einen Streit anzetteln, weil sie ihrem Unmut auf diese Weise Luft machen wollen.

Außerdem lieben sie es, durch ihre kreative Ader Spielregeln nach ihren Vorstellungen abzuändern. So fallen ihnen beim Fußballspielen immer wieder neue Moves ein, um den Ball ins gegnerische Tor zu befördern. Jedoch führen ihre Vorgehensweisen oftmals zu Spielauszeiten oder einer Pause auf der Bank. Im Gegensatz dazu fallen ADS-Betroffene durch ihre hohe Sensibilität und Feinfühligkeit auf. Sie haben ein feines Gespür für die Emotionen der anderen um sie herum und gehen mit ihren eigenen Gefühlen auf eine sehr kreative Weise um. Sie lieben es, eher für sich zu sein und beispielsweise bei kreativen Arbeiten wie dem Zeichnen ihre Seele baumeln zu lassen. Auf ihr Umfeld wirken sie meistens ruhig und zurückhaltend. Diese Persönlichkeitsmerkmale können zum einen ausgesprochen positiv sein, da diese Kinder eine ausgeprägte Anbindung an ihre eigene Kreativität haben und im Allgemeinen sehr genügsam und ihren Mitmenschen gegenüber gerecht sind. Zum anderen kann diese ruhige und zumeist auch schüchterne Art im zwischenmenschlichen Kontakt zu Problemen führen. So können sie sich während Streitigkeiten schlecht zur Wehr setzen und ihren eigenen Standpunkt nicht vollständig verteidigen. Bekommen sie diese Eigenschaft nicht in den Griff, kann es passieren, dass sie aus Konflikten häufiger als Verlierer herausgehen, weil sie nicht dazu in der Lage waren, sich selbstbewusst zu zeigen und die eigene Meinung darzulegen.

Wie Sie sehen, haben beide Persönlichkeitstypen ihre positiven Eigenschaften, die man vor allem in der pädagogischen Arbeit sehr gut nutzen kann, um das beste Potenzial aus ADHS-Kindern sowie ADS-Betroffenen herauszuholen. Haben Sie als persönlicher Lernbegleiter einmal die positiven Vorzüge verinnerlicht, können Sie auf eine sehr empathische Weise dafür sorgen, dass Ihr Kind insbesondere im schulischen Kontext sein volles Leistungspotenzial erreichen kann. Auch das Wissen über die möglichen negativen Charaktereigenschaften wird es Ihnen erleichtern, die möglichen Hintergründe für ein negatives Verhaltensmuster zu verstehen und darauf angemessen und mit Ruhe zu reagieren. Versuchen Sie doch, bei der nächsten Auseinandersetzung einen Perspektivwechsel durchzuführen. Leiten Sie beispielsweise ein Spiel an und bemerken, dass sich Ihr Kind wieder nicht an die Spielregeln halten kann oder will, versuchen Sie, es nicht sofort zu belehren. Vielleicht ergibt sich dadurch eine völlig neue Spielweise, von denen auch andere profitieren können und aus der eine völlig neue Dynamik entsteht, die allen Beteiligten Spaß macht. Lassen Sie sich einmal von der Kreativität der Kinder leiten, immerhin können auch wir Erwachsenen noch sehr viel von ihnen lernen.

Hypersensibilität bei Kindern

Die Hypersensibilität wird umgangssprachlich auch Hochsensibilität genannt und beschreibt ein Persönlichkeitsmerkmal, bei dem Betroffene die Reize ihrer Umwelt viel intensiver wahrnehmen. Die Sensitivität ist bei diesen Menschen so hoch ausgeprägt, dass sie sowohl inneren als auch äußeren Reizen gegenüber sehr empfindlich sind. Doch was genau kann man darunter verstehen? Personen mit diesem Charakterzug nehmen unter anderem die Geräusche ihrer Umwelt viel ausgeprägter wahr. Gehen sie beispielsweise in einem Supermarkt einkaufen, kann das zu einer Reizüberflutung führen und die Betroffenen rasch an ihre Grenzen bringen. Die vielen Gespräche, die Lichter, die ganzen Farben, die Musik im Hintergrund und womöglich noch das eine oder andere Kindergeschrei sorgen dafür, dass Hochsensible schneller unter Stress geraten und sich dadurch ausgelaugt, müde und erschöpft fühlen. Nach einem Supermarktbesuch benötigen sie eine viel längere Regenerationsphase, um sich anschließend wieder fit und einsatzbereit zu fühlen. Die positive Seite der Hochsensibilität besteht jedoch auch darin, dass sie die schönen Dinge des Lebens ebenso intensiv wahrnehmen können. So schmeckt ihnen nahrhaftes Essen gleich doppelt so gut und bei angenehmer Musik können sie sich umso schneller entspannen und bei den angenehmen Klängen in einen sehr ausgeglichenen Zustand kommen. Auch im zwischenmenschlichen Kontakt verfügen diese Menschen über eine wahrhaftige Superkraft. Sie sind sehr feinfühlig, was die Stimmungen und Gefühle ihrer Mitmenschen angeht. Sie wissen durch ihr ausgeprägtes Feingespür oftmals sehr genau, was in ihrem Gegenüber vorgeht, und können sich so auf die emotionalen Bedürfnisse des anderen viel besser einstellen. Somit beugen sie möglichen Konflikten geschickt vor und wirken meistens als Mediator in angespannten und aufgeheizten Konfliktsituationen.

Auch im kreativen Bereich sind diese Personen sehr einfallsreich und haben einen äußerst imaginativen Geist. Sie lieben es, die einströmenden Reize durch eine künstlerische Tätigkeit wie Zeichnen oder kreatives Schreiben zu verarbeiten. Im Allgemeinen ist das kreative Arbeiten für Hochsensible ein rettender Ankerpunkt, der ihnen zu mehr Ausgeglichenheit und innerer Ruhe verhilft. Doch woran erkennen Sie denn nun diese besonderen Menschen? Halten Sie einfach einmal nach den folgenden Eigenschaften Ausschau:

1. Sie nehmen die Reize ihrer Umwelt um ein Vielfaches stärker auf als andere. So sehen sie zum Beispiel Lichtreize viel intensiver und sie erscheinen ihnen oft viel greller und heller, als es bei Menschen der Fall sein würde, die über eine normale Sensitivität gegenüber Außenreizen verfügen. Aus diesem Grund benötigen sie oftmals einen kurzen Moment länger, um sich an die Lichtverhältnisse zu gewöhnen. In manchen Fällen kann diese Sinnesanpassung bei Hochsensiblen auch zu körperlichen Symptomen wie Kopfschmerzen oder Schwindel führen.

2. Die körperlichen Reaktionen können auch damit zusammenhängen, dass die aufgenommenen Sinnesreize intensiver verarbeitet werden, weshalb sie im Alltag wiederholt kurze Verschnaufpausen brauchen, da der Prozess der Reizverarbeitung auch sehr erschöpfend für sie sein kann.

3. Hypersensible Kinder erleben und verarbeiten ihre Emotionen wie Trauer, Freude oder Wut auf ihre ganz besondere Art und Weise. Sie kosten emotionale Momente voll aus und setzen sich mit ihren aufkommenden Gefühlen auch wirklich auseinander. Sie haben eine hervorragende Fähigkeit zur Selbstreflexion, was es ihnen ermöglicht, sich selbst besser zu verstehen und vor allem in Konfliktsituationen einen Perspektivwechsel durchzuführen, der es ihnen ermöglicht, auch ihr Gegenüber mit seinen Emotionen voll und ganz annehmen zu können.

4. Jedoch können sie gewisse äußere Reize wie ein zu überfüllter Bus, laute Musik auf Partys oder die Geräuschkulisse eines Großraumbüros extrem triggern und auslaugen, weshalb sie immer wieder Zeit für sich selbst benötigen, um ihre Energien voll aufzutanken.

Nach all den hier aufgeführten allgemeinen und charakteristischen Merkmalen von Hochsensiblen stellt sich nun die Frage, wie sich das Persönlichkeitsmerkmal der Hochsensitivität explizit bei Kindern zeigt. Im Folgenden finden Sie eine kleine Checkliste mit den entsprechenden Merkmalen:

1. Das Kind berichtet immer wieder über körperliche Schmerzen und Unwohlsein, dabei sind die beschriebenen Symptome für die Eltern oder näheren Bezugspersonen eher Kleinigkeiten und werden daher als eher irrelevant angesehen.

2. Das Kind ist immer sehr müde und erschöpft, wenn es von der Schule oder dem Kindergarten nach Hause kommt, und braucht dementsprechend erst einmal genügend Ruhe, um sich wieder zu regenerieren.

3. Während Gruppenaktivitäten wirkt das Kind manchmal teilnahmslos und zieht sich lieber schnell wieder aus dem Gruppenangebot zurück, um für sich allein etwas zu spielen oder sich auszuruhen.

4. Unter Umständen kann es vorkommen, dass ein Kind darüber berichtet, dass es die Gefühle anderer Menschen körperlich spüren kann. Dieses Merkmal hat vor allen Dingen mit der großen Feinfühligkeit der hochsensiblen Kinder zu tun.

5. Wenn es zu Veranstaltungen geht, bei denen allgemein viele Menschenmengen anzutreffen sind (Kino oder Theater etc.), kann es passieren, dass das Kind beizeiten anfängt, unruhig zu werden, zu weinen oder sogar zu schreien, weil es von den äußeren Reizen vollkommen überfordert ist.

6. Das Kind hält sich ganz genau an festgeschriebene Regeln und kann es überhaupt nicht leiden, wenn andere Personen diese Vorgaben absichtlich brechen. Dieses Verhalten hängt vor allen Dingen mit ihrem ausgeprägten Gerechtigkeitssinn zusammen. Sie lieben es einfach, wenn es in ihrem Leben Anweisungen gibt, an die sie sich halten können, da ihnen das ein gewisses Maß an Sicherheit bietet.

Die oben aufgeführten Merkmale sind natürlich nur ein paar Beispiele, an welchen Verhaltensweisen Sie hochsensible Kinder im Alltag erkennen können. Es gibt noch unzählige weitere Persönlichkeitsmerkmale, die für diese Kinder charakteristisch sind. Damit Sie einen besseren Überblick über die besonderen Charaktereigenschaften erhalten, finden Sie im Folgenden die interessantesten Persönlichkeitsmerkmale kurz zusammengefasst auf einen Blick.

Hochsensible sind so einzigartig, weil sie
-mehr Reize aufnehmen und verarbeiten können,
-über eine starke Beobachtungsgabe verfügen,
-ein sehr großes Einfühlungsvermögen haben,
-großes Interesse für die Themen in ihrem Leben zeigen und den Dingen auf den Grund gehen wollen,
-eine viel sensiblere Sinneswahrnehmung besitzen,
-die Dinge bis ins kleinste Detail erforschen und verstehen wollen.

Nach all diesen wertvollen Informationen über die Hochsensibilität stellt sich Ihnen vielleicht die Frage, ob auch Ihr eigenes Kind von Hochsensibilität betroffen ist. Damit Sie dieses Persönlichkeitsmerkmal bei Ihrem Kind oder auch den Kindern in Ihrem Umfeld leichter identifizieren können, finden Sie nun einen kleinen Selbsttest, welcher erste Hinweise darauf geben kann, ob Sie Kinder in Ihrem sozialen Umfeld haben, welche prinzipiell hochsensibel sind. Möge Ihnen dieser Test zu neuen aufschlussreichen Erkenntnissen verhelfen und Sie dabei unterstützen, die einzigartige Welt hochsensitiver Kinder besser zu verstehen.

Selbsttest: Ist mein Kind hochsensibel?

O Das Kind ist schnell überwältigt von den äußeren Reizen und reagiert sehr emotional mit Trauer oder Wut, wenn ihm etwas zu viel wird.

O Das Kind ist sehr schmerzempfindlich und klagt immer wieder über Bauchschmerzen oder Kopfschmerzen.

O Nach der Schule oder der Kita benötigt das Kind sehr viel Zeit für sich und zieht sich in sein Zimmer zurück, um etwas zu entspannen.

O Das Kind reagiert sehr empfindlich auf äußere Reize wie zu helles Licht, starke Gerüche oder laute Geräusche in der Nähe. Es fängt dann entweder zu weinen an oder ist sehr schnell angewidert.

O Eine zu hohe Lautstärke und plötzliche laute Geräusche bereiten dem Kind sehr schnell großes Unbehagen.

O Das Kind fühlt sich in Gruppen sehr unwohl und möchte lieber allein sein, weil es sich auf diese Weise wohler fühlt.

O Das Kind reagiert mit großer Überforderung, wenn es darum gebeten wird, verschiedene Aufgaben innerhalb kürzester Zeit zu erledigen.

O Wenn viele Menschen anwesend sind, reagiert das Kind mit Unruhe und Unbehagen und möchte lieber aus der Situation flüchten.

O Wenn es um einen Wettbewerb oder eine Prüfungssituation geht, dann fühlt sich das Kind sehr schnell unter Druck gesetzt und kann sich nicht mehr richtig auf die gestellten Aufgaben konzentrieren.

O Das Kind wird von seinen Mitmenschen als eher schüchtern, ruhig und sehr sensibel beschrieben.

Wenn Sie mehr als sieben Punkte bejahen konnten, dann weist dies mit aller Wahrscheinlichkeit darauf hin, dass das Kind die besondere Gabe der Hochsensibilität besitzt. Sollten Sie eventuell unsicher sein, weil Ihr eigenes Kind betroffen ist und Sie noch nicht wissen, wie Sie Ihr Kind am besten unterstützen können, dann vereinbaren Sie am besten einen Beratungstermin bei einem Fachmann. Zudem bietet Ihnen dieser Ratgeber viele wertvolle Tipps, um Ihrem Kind effektiv in seiner Entwicklung zur Seite stehen zu können.

Im nachfolgenden Kapitel erhalten Sie nun zusätzlich einen kleinen Einblick der Vor- und Nachteile der pädagogischen Förderung von hochsensitiven Kindern. Somit wissen Sie ganz genau, wo sowohl die positiven als auch die negativen Seiten liegen.

Die Vorteile von Hochsensibilität

1. Durch ihre ausgeprägte Wahrnehmung und ihre intensive Gefühlswelt können hochsensible Kinder in Streitsituationen für Harmonie und Ausgeglichenheit sorgen. Die Voraussetzung dafür ist, dass sich jedes Gruppenmitglied auf Augenhöhe begegnet und sich alle respektieren.

2. Sie sind ausgesprochen einfühlsam und können sich gut in andere Kinder hineinversetzen. Diese Fähigkeit kommt ihnen vor allem dann zugute, wenn sie diese Superkraft mit einer ordentlichen Portion Durchsetzungsvermögen kombinieren. Auf diese Weise sind sie nicht nur auf das Wohlbefinden ihrer Gruppenmitglieder bedacht, sondern können sich in brenzlichen Situationen auch sehr gut verteidigen und zur Wehr setzen.

3. Sie stellen oftmals kluge und interessante Fragen. Das lässt sich vor allem darauf zurückführen, dass sie sehr wissbegierig sind und ihre Umwelt auf ihre einzigartige Weise wahrnehmen. Manchmal sind die Fragen sogar so gut gestellt, dass selbst die Erwachsenen erst einmal nach der richtigen Antwort suchen müssen und damit auch ihren eigenen Horizont erweitern.

4. Sie spielen lieber ruhigere Spiele wie Memory oder Puzzle. Rauere Mannschaftsspiele oder Spiele mit schnelleren Bewegungsabläufen wie Fuß- oder Handball vermeiden sie lieber.

5. Diese besonderen Kinder können durch ihre vorsichtige Art potenzielle Gefahrensituationen besser einschätzen und angemessen darauf reagieren. So stürzen sie sich nicht gleich ins Gefecht, sondern analysieren erst einmal ganz genau, worauf sie in der neuen Situation achten müssen, um diese erfolgreich zu bestehen.

6. Sie sind anderen gegenüber sehr hilfsbereit und helfen, wo sie nur können. Im Gegensatz dazu vermeiden sie Konkurrenzsituationen, in denen sie ihre Kräfte mit anderen messen müssen, da es nicht ihrer sensiblen Natur entspricht.

7. Bevor sie etwas Neues wagen und sich ausprobieren, beobachten sie die Situation ganz genau, um selbstständig abschätzen zu können, ob diese Tätigkeit auch wirklich etwas für sie ist.

Die Nachteile von Hochsensibilität

1. Wenn sie eine Situation zu sehr überfordert, dann neigen hochsensible Kinder zu unvorhergesehenen Gefühlsausbrüchen. So können sie plötzlich anfangen, zu weinen, wenn für ihr Empfinden zu viele Kinder in der Nähe sind, die lauter spielen oder sich raufen.

2. Sie sind schneller gestresst als andere Kinder, was sich sogar in körperlichen Symptomen wie Bauchschmerzen oder Übelkeit zeigen kann. Sie benötigen daher längere Pausen und Regenerationsphasen, damit sie wieder zu Kräften kommen.

3. Wenn ihnen das Spielen oder Lernen in der Gruppe zu viel wird, dann ziehen sie sich öfter in sich selbst zurück. Außerdem können sie auf ihr soziales Umfeld sehr schüchtern wirken, achtet man hier nicht auf die allgemeine Gruppendynamik, können eventuell Mobbing und Ausgrenzung die Folge sein.

4. Haben sie einmal den Auftrag bekommen, mehrere Dinge gleichzeitig zu tun, wie sich zum Beispiel im Sportunterricht eine eigene Bewegungsabfolge auszudenken oder die ihrer Mitschüler nachzuahmen, dann kann das hochsensible Kinder schnell überfordern und sie geben im schlimmsten Fall sogar vorschnell auf. Das kann bei ihren Mitstreitern natürlich ein negatives Bild hinterlassen.

5. Sie neigen zum Perfektionismus und beenden eine gestellte Aufgabe erst, wenn sie vollends zufrieden damit sind. Diese Charaktereigenschaft kann nicht nur viel Lebensenergie rauben, sondern auch am Selbstwertgefühl nagen.

6. Befinden sie sich in großen Menschenmengen, kann sie das sehr schnell überfordern und sie fühlen sich unwohl. Aus diesem Grund können sie öffentliche Veranstaltungen nur für einen kurzen Zeitraum besuchen und brauchen danach wieder genügend Zeit, um sich angemessen zu regenerieren.

7. Auch die Konzentrationsfähigkeit kann bei Hochsensiblen stark eingeschränkt sein, nur ist bei ihnen die stark veränderte Reizwahrnehmung ursächlich für die auftretenden Konzentrationsschwierigkeiten. Da sie beispielsweise Umweltgeräusche lauter wahrnehmen, kann es ihnen manchmal schwerfallen, sich wirklich nur auf eine Sache zu fokussieren. Die vielen einströmenden Reize sorgen dafür, dass sich ihr Fokus immer genau auf den Reiz richtet, der gerade am präsentesten ist. Sollen sie beispielsweise eine Schulaufgabe lösen, während sie am Fenster sitzen und draußen einen lauten Rasenmäher hören, so kann es passieren, dass dieser Reiz eine so starke Ablenkung darstellt, dass sich hochsensible Schüler nicht mehr auf die eigentliche Anweisung konzentrieren können. Aus diesem Grund ist eine reizarme Lernumgebung mit wenig Ablenkungen extrem wichtig, damit keine Lernblocka-

den bei den Schülern auftreten. Wie Sie auch an dem Beispiel der Hochsensibilität erkennen können, ist eine mögliche Konzentrationsschwäche immer multifaktoriell bedingt und kann daher viele verschiedene Ursachen haben.

Da Sie nun sehr viel über die Vor- und Nachteile der Hochsensibilität bei Kindern erfahren haben, erhalten Sie nun zur Abrundung dieses Kapitels noch wertvolle Tipps an die Hand, wie Sie Ihr hochsensibles Kind im pädagogischen Umfeld unterstützen können. Probieren Sie einmal die folgenden Tipps und Anregungen aus:

1. Ein hochsensibles Kind möchte gerne auf Veränderungen vorbereitet werden und neue Situationen genau einschätzen können, erklären Sie daher immer genau den geplanten Ablauf eines Angebots. Das wird Ihrem Kind Sicherheit vermitteln und es weiß ganz genau, worauf es sich einlässt.

2. Ein hochempathisches Kind braucht meistens etwas länger, um sich auf neue Herausforderungen einzulassen und sich dabei wohlzufühlen. Lassen Sie es daher immer mit als Letztes die Aufgabe lösen, damit es vorher genügend Zeit hatte, sich den korrekten Ablauf bei anderen anzuschauen.

3. Dieses besondere Kind möchte mit seinen Emotionen ernst genommen werden und braucht einen verlässlichen Lernpartner, der ihm hilft, sich in einem sicheren Rahmen seiner Angst zu stellen und sich somit aus seiner Komfortzone hinauszubewegen. Um den aufkommenden Emotionen mehr Ausdruck zu verleihen, können Sie die kreative Ader des Kindes nutzen und ihm immer wieder die Möglichkeit geben, seine Gefühle auch auf eine künstlerische Art und Weise auszudrücken – beispielsweise durch das Zeichnen eines Bildes oder das Schreiben eines eigenen Gedichtes.

4. Geben Sie dem Kind genügend Möglichkeiten, um sich auch einmal aus dem Gruppengeschehen zurückziehen zu können. Richten Sie beispielsweise einen Ruheort ein oder geben Sie dem Kind auch einmal die Gelegenheit, verschiedene Aufgaben alleine zu lösen.

5. Nutzen Sie immer wieder ähnliche Rituale wie gleiche Lieder oder wiederkehrende Aufgaben. Die Vorhersehbarkeit des Tagesablaufs vermittelt dem hochsensiblen Kind Sicherheit, wodurch es sich leichter auf etwas einlassen kann.

6. Vermeiden Sie eine mögliche Überstimulation der Sinne. Reduzieren Sie nach Möglichkeit die akustischen und visuellen Reize, damit eine potenzielle Überforderung durch zu grelles Licht oder zu laute Geräusche vermieden werden kann.

7. Wählen Sie stets aufbauende und aufmunternde Worte, um das Kind zu motivieren. Bei zu harter Kritik kann es passieren, dass es auf emotionaler Ebene schnell dicht macht und negative Emotionen entwickelt. Dies kann die Beziehung zu dem Kind gefährden.

8. Bleiben Sie stets mit dem Lehrer in Kontakt und tauschen Sie sich gemeinsam über die neuesten Entwicklungen und Vorkommnisse aus. Dies ermöglicht es Ihnen, ein umfassendes Gesamtbild über das Kind und seine derzeitige Lebenssituation zu erhalten. Somit können Sie auch die Emotionen viel besser nachvollziehen und können sich viel besser in das Gefühlsleben des Kindes hineinversetzen.

Wie sieht denn nun das perfekte Lernsetting für hochsensible Kinder aus?

Auf folgende Punkte sollten Sie achten:

1. Sorgen Sie für eine Lernumgebung, in der sich das Kind hervorragend auf die gestellten Aufgaben konzentrieren kann, ohne dabei von äußeren Umständen abgelenkt zu werden. Bei hochsensiblen Kindern scheint es oft so, als ob sie nicht richtig bei der Sache wären und mit ihren Gedanken ständig abschweifen. Beachten Sie, dass dieses Verhalten mehrere Ursachen haben kann. So kann es sein, dass das Kind die Stimmungen und Gespräche der Mitschüler voll und ganz mitbekommt und sich aus diesem Grund nicht auf die gestellten Aufgaben fokussieren kann. Kommunizieren Sie zuhause mit dem Kind, was es denn nun wirklich stört und ablenkt. Sollte es der Lärm im Klassenzimmer sein, könnte man über einen Gehörschutz nachdenken oder eventuell die Sitzordnung verändern. So wäre ein Sitzplatz in der Nähe des Lehrers vorteilhaft, da das Kind auf diese Weise wirklich alles mitbekommt, was die Lehrkraft sagt, beziehungsweise können Lehrer und Schüler auch nonverbal miteinander kommunizieren, wodurch sichergestellt werden kann, dass das Kind auch wirklich den gestellten Anforderungen folgen kann.

2. Reflektieren Sie als Elternteil Ihre pädagogischen Methoden. Werden Sie den Bedürfnissen des Kindes gerecht? Als Elternteil sollten Sie das tägliche Leben und vor allen Dingen die Hausaufgabenzeit mit Ihrem Kind regelmäßig reflektieren. Stellen Sie sich doch selbst einmal jeden Abend die folgenden Fragen:

a. Habe ich meinem Kind heute richtig und aufmerksam zugehört?

b. Konnte ich seine Sichtweisen auf die Dinge nachvollziehen und verstehen?

c. Über welches Thema sollte ich noch einmal ausführlicher mit meinem Kind sprechen und warum?

Sie werden sehen, wie die regelmäßige Selbstreflexion nicht nur Ihnen hilft, um sich und Ihre Verhaltensweisen selbst besser zu verstehen. Nach einiger Zeit werden Sie auch Ihr Kind aus einer völlig neuen Perspektive betrachten, was Sie dabei unterstützen wird, zum Kind eine völlig neue Beziehungsbasis aufzubauen und das gemeinsame Lernen um ein Vielfaches zu verbessern.

3. Die Fähigkeit zur eigenen Selbstreflexion ist vor allem für die Hausaufgabenzeit besonders wichtig, denn sie ist häufig die Ursache für Streit und Konflikte innerhalb der Familie. Doch was genau können Sie tun, um für Entschleunigung zu sorgen und Ihrem Kind ein guter Lernpartner im häuslichen Umfeld zu sein? Probieren Sie doch einfach einmal die folgenden Vorschläge aus:

a. Wählen Sie den richtigen Zeitpunkt! Versuchen Sie, für die Hausaufgabenzeit einen festen Termin mit dem Kind zu vereinbaren. Am besten wählen Sie den Zeitpunkt so aus, dass sich Ihr Kind nach der Schule erst einmal von den ganzen Eindrücken erholen kann. Achten Sie allerdings darauf, dass es die Hausaufgaben auch nicht zu spät am Abend erledigt, denn zu dieser Zeit wird die Konzentrationsfähigkeit Ihres Kindes immer weiter schwinden.

b. Bauen Sie kurze, aber effektive Pausen ein! Wenn eine Aufgabe sehr schwierig ist, wäre es ratsam, kleine Bewegungs- oder Entspannungsübungen in die Bearbeitungszeit einzubauen. Auf diese Weise wird das Gehirn ausreichend mit Sauerstoff versorgt und der Spaß am Lernen wird ebenso aufrechterhalten. Seien Sie also kreativ und lassen Sie sich schöne Aktivitäten einfallen. Sie können mit Ihrem Kind beispielsweise PMR (progressive Muskelentspannung) oder Autogenes Training üben. Hilfreiche Anleitungen für diese Entspannungsmethoden finden Sie im Internet.

c. Teilen Sie sich den Lernstoff ein! Manche Aufgaben müssen nicht am selben Tag erledigt werden. Gestalten Sie daher mit Ihrem Kind einen gemeinsamen Lernplan! Dabei können Sie ganz kreativ werden und beispielsweise gemeinsam eine Mindmap oder ein Lernplakat gestalten, welches Sie sich an eine gut sichtbare Pinnwand hängen.

d. Achten Sie darauf, dass Ihr Kind genügend gegessen und getrunken hat. Hochsensible Kinder reagieren sehr stark auf das Gefühl von Hunger und Durst. Schauen Sie daher, dass Ihr Kind zwischendurch kleine, gesunde Snacks zur Hand hat, um gut mit Nährstoffen versorgt zu sein.

e. Besprechen Sie mit Ihrem Kind vorher ganz genau, wie viel Unterstützung es eigentlich von Ihnen benötigt. Viele Aufgaben können Kinder auch selbstständig und innerhalb kürzester Zeit erledigen, sodass eine helfende Hand nicht immer benötigt wird.

f. Entfernen Sie mögliche Störquellen aus dem Lernzimmer. Da hochsensible Kinder sehr stark auf die Reize um sie herum reagieren, sollten Sie dafür sorgen, dass Gegenstände, die sehr laut oder sehr hell sind, vor der Hausaufgabenzeit aus dem Raum entfernt werden.

Wenn Sie bereits einen Teil dieser wertvollen Tipps umsetzen, werden Sie sehen, dass sich Ihr Kind viel leichter auf die bevorstehenden Aufgaben konzentrieren kann und somit bessere Leistungen erzielt. Jedoch kann die Arbeit mit hochsensitiven Kindern auch sehr herausfordernd sein. Achten Sie daher auch immer auf eine ausreichende Selbstfürsorge, damit Sie jeden Tag Ihr volles Potenzial geben und für Ihr Kind der ideale Lernpartner sein können.

Die Introvertierten

Warum bist du denn immer so still und schüchtern? Könntest du nicht mal einen Ton sagen? Es wirkt fast so, als wärst du unsichtbar! Das sind nur vereinzelte Sätze, die sich introvertierte Kinder immer wieder von ihren Mitmenschen anhören können. Doch ist das Persönlichkeitsmerkmal der Introversion tatsächlich immer so schwierig?
Der Begriff Introversion stammt von dem Schweizer Psychiater Carl Gustav Jung. Laut seinen Annahmen richten introvertierte Menschen ihre Aufmerksamkeit stärker nach innen und beherrschen aus diesem Grund die Selbstreflexion hervorragend. Sobald sie sich in größeren Gruppen aufhalten, neigen sie dazu, die Geschehnisse um sie herum von Weitem zu beobachten und ihre Mitmenschen aus einem sicheren Abstand heraus zu analysieren. Sie bevorzugen lieber den Kontakt zu nahestehenden Personen und tiefgründige Gespräche in einer kleineren Runde, in der sie alle Anwesenden kennen. Nach einer längeren Konversation mit ihren Liebsten brauchen sie auch erst einmal wieder Zeit für sich selbst, um sich zu regenerieren und ausruhen zu können, da sie sich unter Umständen erschöpft und ausgelaugt fühlen können. Introvertierte Kinder wirken in einer großen Gruppe von Kindern sehr verschlossen und treten nur zögerlich mit ihren Gruppenmitgliedern in Kontakt. Sie brauchen ihren selbstbestimmten Zeitraum, um mit den Menschen in ihrem Umfeld wirklich warm zu werden und Vertrauen zu ihnen zu fassen. In der Schule haben sie häufig mit dem Problem zu kämpfen, dass sie aufgrund ihres stillen Gemüts von ihren Mitschülern und Lehrern unterschätzt oder gar übersehen werden. Sie sind zwar hervorragende Zuhörer, unglaublich wissbegierig und folgen dem Unterrichtsgeschehen mit höchster Konzentration, dennoch kann es vorkommen, dass sie sich in Gruppendiskussionen eher zurückhalten und es eine gewisse Zeit dauert, bis sie den Mut gefasst haben, sich mit ihren Ideen von selbst zu Wort zu melden. Im lauten Schulalltag kann daher ihre Stille eher als Nachteil ausgelegt werden, da bei einigen Lehrern der Eindruck entsteht, dass sie sich mündlich nicht am Unterricht beteiligen möchten. Bevor man hier als Lehrkraft vielleicht ein zu schnelles Urteil fällt, lohnt es sich auf jeden Fall, die Beobachtungen als einen Gesprächsanlass zu nutzen, um das Kind mit seinen Stärken und Schwächen besser kennen zu lernen. Treffen Sie hier als Elternteil zum Beispiel mit Ihrem Kind zusammen die Vereinbarung, dass es sich zumindest einmal in der Stunde melden darf. Signalisieren Sie dem Kind, dass Fehler menschlich sind und nichts Negatives über das Kind aussagen.

Im privaten Umfeld sind vor allem größere Partys und Feste eine kleine Herausforderung für introvertierte Kinder. So brauchen sie immer wieder kurze Verschnaufpausen, um sich von dem Trubel um sie herum kurz zu erholen und ihre Kräfte sammeln zu können. Eltern können hier eine kleine Abhilfe schaffen, indem sie dem Kind zwischendurch kleinere Aufgaben in der Küche geben, wie beispielsweise den Geschirrspüler einräumen oder den Tisch säubern. Auf diese Weise hat das Kind genügend Zeit, einfach mal kurz durchzuatmen, ohne dabei negativ aufzufallen. Da Introvertierte auf ihr soziales Umfeld oftmals sehr ruhig und schüchtern wirken, können das viele Personen aus ihrem sozialen Umfeld manchmal zum Anlass nehmen, die zurückhaltenden Kinder unnötig zu kritisieren. Dann fallen manchmal Sätze wie „Na, jetzt geh doch mal mit den anderen spielen oder traust du dich etwa nicht?" oder „Sprich doch mal lauter und sei nicht zu schüchtern. Ansonsten wird aus dir später im Leben nichts!". Diese Aussagen können nicht nur äußerst verletzend sein, sondern auch am Selbstbewusstsein des Kindes nagen. In solchen Fällen ist eine Aufklärung aller Angehörigen eine gute Strategie, um für mehr Transparenz im Familienalltag zu sorgen und mögliche Konflikte bereits im Keim zu ersticken oder zumindest am Anfang zu entschleunigen, um eine größere Eskalation zu vermeiden.
Sollten Sie selbst ein Elternteil von einem introvertierten Kind sein, dann machen Sie sich bitte keine Sorgen, dass mit Ihrem Kind etwas nicht stimmt oder es im Leben durch seine ruhige Art Nachteile erhält.
Introvertierte Kinder sind gerne auch mal für sich allein und wissen sehr gut, wie sie sich eigenständig beschäftigen können. Sie sind ausgesprochen genügsam und zufrieden, wenn sie im Leben nur eine bis zwei gute Freundschaften pflegen. Als Elternteil können Sie Ihrem Kind natürlich etwas auf die Sprünge helfen, sofern sich Ihr Kind dies wünscht. So können Sie mit anderen Eltern in Kontakt treten und Ihrem Kind somit ermöglichen, dass es regelmäßig mit gleichgesinnten Kindern spielen kann. Seien Sie offen und bieten Sie Ihrem Kind die Gelegenheit an, dass es regelmäßig eine Freundin nach Hause einladen darf. Somit fällt es ihm auf längere Sicht leichter, Kontakte zu knüpfen und wirklich wahre Freundschaften fürs Leben zu anderen Kindern aufzubauen.

Es gibt zudem vier Formen von Introversion. Diese werden oft durch unterschiedliche Merkmale und Verhaltensweisen definiert:

1. Sozialintroversion: Kinder, die sozial introvertiert sind, bevorzugen oft die Gesellschaft kleinerer Gruppen oder verbringen lieber Zeit allein als in großen Menschenmengen.

2. Denkintroversion: Diese Form bezieht sich darauf, wie Kinder Informationen verarbeiten. Denkintrovertierte neigen dazu, Zeit allein zu verbringen, um ihre Gedanken zu ordnen und zu reflektieren.

3. Angstintroversion: Kinder mit Angstintroversion können in sozialen Situationen ängstlich oder unbehaglich sein. Sie fühlen sich oft unsicher oder überwältigt in Situationen mit vielen Menschen.

4. Überstimulation durch soziale Interaktion: Diese Form der Introversion bezieht sich auf Kinder, die sich schnell erschöpft fühlen oder überfordert sind, wenn sie viel Zeit in sozialen Situationen verbringen müssen.

Nach diesen Anregungen erfahren Sie in diesem Kapitel zusätzlich noch, welche einzigartigen Stärken und Schwächen introvertierte Kinder auszeichnen. Somit können Sie sie entsprechend ihrer Rolle als Eltern pädagogisch effizient fördern und dementsprechend ein starker Lernbegleiter für sie sein.

Was sind die eindrucksvollsten Stärken von introvertierten Kindern?

1. Sie handeln mit Bedacht und überlegen sich alles erst einmal ganz genau, bevor sie eine risikoreiche Entscheidung treffen. Dieses Vorgehen bewahrt sie vor Gefahren und ermöglicht es ihnen, immer den für sie stimmigsten Weg zu finden.

2. Introvertierte Kinder können nahezu in einer einzigen Tätigkeit versinken und darin richtig aufgehen. Sie fokussieren sich mühelos auf eine Sache, wodurch sie spielend leicht ihre Kompetenzen, wie beispielsweise ihre Feinmotorik oder ihre künstlerischen Fähigkeiten, verbessern können. Durch ihre ausgesprochen große Fantasie lieben sie es, sich kreativ auszuleben. So zeichnen sie gerne farbenreiche Bilder, singen, tanzen und schreiben ereignisreiche Geschichten.

3. Sie sind ausgezeichnete Zuhörer und haben immer ein offenes Ohr für ihre Mitmenschen. Durch ihre ruhige Ausstrahlung fühlen sich andere bei ihnen auch immer pudelwohl und es ist für sie kein Problem, sich der introvertierten Person gegenüber zu öffnen.

4. Sie sind sehr unabhängige Menschen und brauchen nicht immer die Gesellschaft von anderen um sich herum. Aus diesem Grund sind sie auch besonders gut darin, aufkommende Probleme auch selbstständig zu lösen, ohne dabei von der Meinung ihres Umfeldes abhängig zu sein.

5. Introvertierte verfügen über eine unglaublich große Empathiefähigkeit. Es fällt ihnen ausgesprochen leicht, sich in die Gefühlswelt ihrer Mitmenschen hineinzuversetzen. Sie bemerken innerhalb weniger Minuten, was ihr Gegenüber bewegt und was es eigentlich mit seinen Worten sagen möchte. Diese Fähigkeit macht sie zu ausgesprochen guten Mediatoren und Seelentröstern.

Lassen Sie uns nun die Schattenseiten dieses Persönlichkeitstyps beleuchten und nutzen Sie dieses Wissen, um introvertierte Kinder in ihrer Entwicklung weiter voranzutreiben und somit ihre Schwächen nach Möglichkeit zu minimieren und ihre Schwächen zu maximieren.

Dies sind die wichtigsten Schwächen von introvertierten Kindern:

1. Ihre ruhige und zurückhaltende Art wird ihnen oftmals als Schwäche ausgelegt. So gibt es immer noch Menschen in unserer Gesellschaft, die der Meinung sind, dass man seinen eigenen Standpunkt immerzu laut und stark vertreten muss, damit man in der breiten Masse nicht untergeht und überhaupt mit seinen Ansichten gehört wird. Jedoch nutzen introvertierte Menschen ihre ganz eigenen Wege, um ihre Meinungen mit ihrer sozialen Umwelt zu teilen. Sie favorisieren das kreative Arbeiten, um ihre Eindrücke zu verarbeiten und ihren Standpunkt zu einem Thema in das kreative Schaffen einfließen zu lassen.

2. Introvertierte brauchen meistens mehr Überwindung, um sich vor anderen zu zeigen oder ihre Erkenntnisse zu präsentieren. Dies wird ihnen manchmal als fehlende Durchsetzungskraft ausgelegt. Diese Fremdwahrnehmung kann große Kratzer an ihrem Selbstbewusstsein hinterlassen.

3. Auch im zwischenmenschlichen Kontakt brauchen sie erst einmal genügend Zeit, um zu ihren Mitmenschen wirklich Vertrauen zu fassen. Diese Eigenschaft kann ihnen als Zaghaftigkeit ausgelegt werden, wodurch sie unter Umständen von anderen nicht wirklich ernst genommen werden.

4. Sie führen ihre Tätigkeiten mit Bedacht und Ruhe aus. Für ihr Umfeld wird diese Herangehensweise jedoch oftmals als Langsamkeit ausgelegt, wodurch Introvertierte den Eindruck gewinnen können, dass ihre Art und Weise, Probleme zu lösen, grundlegend falsch ist.

Wie Sie sehen, ist es notwendig, einen neuen Blickwinkel auf introvertierte Menschen zu erlangen und ihre ruhige Art nicht als Schwäche, sondern als absolute Stärke anzuerkennen. Nur so können Introvertierte ein stabiles Selbstwertgefühl aufbauen, sich pudelwohl in Gesellschaft fühlen und ihren richtigen Platz im Leben finden, ohne Angst davor haben zu müssen, von ihren Mitmenschen durch ihre Zurückhaltung im Ansehen heruntergestuft zu werden. Folgende Übung kann Ihrem Introvertierten Kind dabei helfen, Stress abzubauen, sich wieder zu zentrieren und allein in Ruhe zu entspannen.

Traumreise zur Entspannung für zu Hause

Audiodatei 1
Dein ganz eigener Zauberwald

Selbsttest: „Ist mein Kind wirklich introvertiert?"

O Mein Kind zieht es oft vor, allein zu spielen oder Zeit mit wenigen engen Freunden zu verbringen, anstatt in großen Gruppen zu interagieren.

O Es denkt oft sorgfältig über seine Handlungen nach und plant im Voraus, bevor es eine Entscheidung trifft.

O Es genießt es, Zeit allein zu verbringen, und fühlt sich nicht unbedingt gelangweilt, wenn es sich mit sich selbst beschäftigen muss.

O Mein Kind ist eher zurückhaltend und spricht nicht unbedingt viel, es denkt oft gründlich über das nach, was es sagen möchte, bevor es spricht.

O Es fühlt sich am wohlsten, wenn es Zeit hat, in Ruhe über Probleme oder Aufgaben nachzudenken, und reagiert möglicherweise negativ auf plötzliche Veränderungen oder unerwartete Situationen.

O Mein Kind spricht leise und wählt seine Worte mit Bedacht, auch wenn es etwas zu sagen hat.

O Es behält seine Gefühle oft für sich und teilt sie nicht unbedingt offen mit anderen, es bevorzugt es, sie zu reflektieren und für sich zu behalten.

O Mein Kind lernt besser, wenn es Zeit hat, sich alleine auf eine Aufgabe zu konzentrieren, anstatt in einer Gruppe zu arbeiten.

O In der Schule zieht es vor, Informationen still zu verarbeiten, und es bevorzugt möglicherweise das Lesen und Schreiben gegenüber mündlichen Diskussionen.

O Es reagiert möglicherweise zurückhaltend auf neue Ideen und braucht Zeit, um sich daran zu gewöhnen und sie zu akzeptieren.

Dieser Selbsttest kann Ihnen dabei helfen, die introvertierten Eigenschaften Ihres Kindes zu erkennen und besser zu verstehen. Es ist wichtig, die Individualität jedes Kindes anzuerkennen und eine unterstützende Umgebung zu schaffen, die seinen Bedürfnissen entspricht.

Die Extravertierten

Die extravertierten Kinder sind mit ihrer Aufmerksamkeit eher nach außen gerichtet, was bedeutet, dass sie den Kontakt mit ihren Mitmenschen als sehr aufregend empfinden und sie viel Energie aus dem Austausch mit anderen ziehen können. Aufgrund ihrer aufgeschlossenen Art wirken sie auf ihr soziales Umfeld sehr anziehend, attraktiv und stark. Schätzen wir einen anderen Menschen als extravertiert ein, dann ist dieser Mensch in unseren Augen meistens sehr gesellig und kontaktfreudig. Als extravertierte Person ist man meistens der Mittelpunkt einer Party, denn Extravertierte lieben Menschenansammlungen, weil sie dort viele neue Leute kennenlernen können. Sie tanken ihre Energiereserven im zwischenmenschlichen Kontakt auf und blühen regelrecht auf, wenn sie mit den unterschiedlichsten Personen reden und in Kontakt treten können. Extravertierten Kindern fällt es ausgesprochen leicht, neue Freunde zu finden und mit ihnen ins Gespräch zu kommen. Sie übernehmen beim Reden gerne die Führung, wobei ihnen auch nie die Ideen für neue Gesprächsthemen ausgehen. Egal, ob es um eine neue coole Serie geht, die gerade bei Netflix läuft, oder das aktuellste Spielzeug, dass sie gerade erst ausprobieren konnten, sie haben einfach immer etwas zu erzählen und ziehen dabei ihre Mitmenschen regelrecht in ihren Bann. Da sie auch sehr abenteuerlustig sind, wissen sie immer ganz genau, an welchem Ort sie den nächsten Kick finden können und wo der Spaß im Leben nicht zu kurz kommt. So stürzen sie sich ständig in neue Aktivitäten und haben immer wieder kreative Ideen, wie sie auch ihr soziales Umfeld in ihre teils waghalsigen Vorhaben integrieren können. Dabei kommen ihnen die Inspirationen für neue Abenteuer meist ganz spontan in den Sinn. Sehen Sie beispielsweise einen Ball, so kann es passieren, dass sie diesen gleich für ein hitziges Fußballspiel unter Freunden nutzen, nur um sich einige Minuten später einem spannenden Handballmatch hinzugeben. Sie sind einfach immer in Bewegung und auf der Suche nach dem nächsten großen Wagnis. Bei so viel Temperament sollte man als Elternteil oder auch pädagogische Fachkraft einen langen Atem haben, damit man mit so viel Enthusiasmus überhaupt umgehen kann. Nun fragen Sie sich wahrscheinlich, wie Sie diese kleinen Wirbelwinde in ihrer Persönlichkeit noch weiter pädagogisch fördern können, damit diese willensstarken Kinder das Beste aus ihren Persönlichkeitsmerkmalen herausholen können. Im Folgenden finden Sie einige wichtige Anregungen dazu:

1. Extravertierte Kinder gehen gerne auf andere Menschen zu und haben keine Angst davor, sich neuen Personen gegenüber zu öffnen. Aus diesem Grund finden sie äußerst schnell Freunde und stehen neuen Bekanntschaften offen und neugierig gegenüber. Nutzen Sie diese Gesprächigkeit, indem Sie Ihrem extravertierten Kind die Möglichkeit anbieten, bestimmte Aufgaben in Lerngruppen zu lösen.

2. Diese Kinder können sich sehr leicht durchsetzen und ihre Meinung vertreten. Aus diesem Grund profitieren sie von Lernangeboten, in denen sie über ein bestimmtes Thema ausführlich diskutieren können. Daher sollten Sie als Elternteil öfter mit Ihrem Kind über bestimmte Lernthemen reden. Wählen Sie sich dafür ein bestimmtes Thema aus, welches das Kind momentan interessiert. Entwickeln Sie aus diesem Interessenbereich eine Fragestellung, welche Sie Ihrem Kind stellen. Räumen Sie anschließend genügend Zeit ein, um ausführlich über das Problem zu debattieren.

3. Geben Sie dem extravertierten Kind auch die Möglichkeit, die Erfahrung zu machen, eine schwierige Aufgabe komplett selbstständig zu lösen und auch mal Zeit mit sich alleine zu verbringen. Dies können Sie erreichen, indem Sie ihm Aufgaben geben, bei denen es zur Lösung der Aufgaben in die Stillarbeit gehen muss. Dies kann zum einen eine knifflige Matheaufgabe oder zum anderen das Zeichnen eines Bildes mit Wasserfarben sein. So macht das Kind die Erfahrung, dass es die unterschiedlichsten Aufgaben auch alleine bewerkstelligen kann, ohne auf die Hilfe von anderen angewiesen zu sein.

4. Nach außen hin können extravertierte Kinder sehr stark und selbstbewusst wirken. Dennoch sieht es innerlich manchmal ganz anders aus, denn in den meisten Fällen sind sie von der Anerkennung und Bestätigung ihrer Mitmenschen abhängig. Aus diesem Grund sollten sie lernen, auch von sich selbst heraus an ihre Fähigkeiten zu glauben. Dies ist für das Kind eine wichtige Erfahrung und Sie können den Prozess als Lernbegleiter unterstützen, indem Sie gemeinsam mit Ihrem Kind einmal einen genaueren Blick auf seine persönlichen Erfolge werfen. Nehmen Sie sich dafür einmal einen Moment Zeit und schauen Sie gemeinsam auf die bisher erreichten Meilensteine des Kindes. Zur Veranschaulichung der eigenen Durchbrüche kann das Kind mit bunten Farben eine eigene Mindmap kreieren und diese dann gut sichtbar entweder in sein Hausaufgabenheft kleben oder an eine große Pinnwand heften. Somit wird es immer wieder an seine bisherigen Meisterleistungen erinnert und dazu motiviert, an sich selbst zu glauben.

Ähnlich wie bei Introversion gibt es auch verschiedene Formen von Extravertiertheit, die sich in unterschiedlichen Merkmalen und Verhaltensweisen äußern können:

1. Soziale Extravertiertheit: Kinder, die sozial extravertiert sind, genießen oft die Gesellschaft anderer Menschen und fühlen sich in größeren Gruppen wohl. Sie neigen dazu, aktiv an sozialen Aktivitäten teilzunehmen und neue Kontakte zu knüpfen.

2. Aktivitätsorientierte Extravertiertheit: Diese Form der Extravertiertheit bezieht sich auf Kinder, die gerne in Aktivitäten involviert sind und sich energiegeladen fühlen, wenn sie beschäftigt sind. Sie suchen oft nach neuen Herausforderungen und Abenteuern.

3. Emotionale Extravertiertheit: Kinder mit emotionaler Extravertiertheit zeigen oft ihre Gefühle offen und ausdrucksstark. Sie neigen dazu, positiv gestimmt zu sein, und sind oft enthusiastisch und lebenslustig.

4. Sprechextravertiertheit: Diese Form bezieht sich auf Kinder, die gerne und viel sprechen. Sie teilen ihre Gedanken und Ideen gerne mit anderen und sind oft kommunikativ und gesprächig.

5. Stimulationsorientierte Extravertiertheit: Kinder mit dieser Form der Extravertiertheit suchen oft nach neuen und aufregenden Erfahrungen. Sie mögen Abwechslung und Herausforderungen und sind offen für neue Eindrücke und Reize.

Diese verschiedenen Formen von Extravertiertheit können sich individuell oder in Kombination bei einer Person zeigen und prägen, wie jemand mit seiner Umgebung interagiert und wie er sich in verschiedenen Situationen verhält.

Sie haben mit diesen Hintergrundinformationen bereits einen guten Einblick in die wichtigsten Charaktereigenschaften extravertierter Kinder erhalten und können nun sicher besser nachvollziehen, wie diese willensstarken Superhelden in ihrem Inneren so ticken. Damit Sie die Sichtweise dieser enthusiastischen Kinder noch besser verstehen können, erhalten Sie im folgenden Abschnitt noch einmal stichpunktartig eine kleine Checkliste mit den wichtigsten Stärken und Schwächen dieser großartigen Persönlichkeiten.

Was sind die markantesten Stärken dieser kleinen Energiebündel?

1. Sie finden durch ihre aufgeschlossene Art viel schneller neuen Anschluss und haben keine größeren Probleme damit, sich mit den unterschiedlichsten Persönlichkeitstypen anzufreunden und mit ihnen in Kontakt zu bleiben. Sie bleiben neuen Personen gegenüber stets neugierig und zeigen am Leben anderer Menschen aufrichtiges Interesse. Das lässt sie sozusagen zu einem *Social Butterfly* werden, da sie mit Leichtigkeit die unterschiedlichsten Gespräche am Laufen halten können.

> Ein **Social Butterfly** ist eine Person, der es sehr leicht fällt, neue Freunde zu finden. Sie liebt es, mit anderen zu kommunizieren und neue Informationen auszutauschen. Durch ihre offene und aufmerksame Art kann sie so gut wie jeden in ihren Bann ziehen. Aus diesem Grund verfügt sie auch über einen sehr großen Freundeskreis.

2. Diese Kinder strahlen nach außen hin viel Enthusiasmus aus und können somit ihr soziales Umfeld schnell für sich gewinnen. Diese Eigenschaft ist vor allem in der Schule sehr vorteilhaft, da mündliche Leistungen im Unterricht sowie Präsentationen zu den unterschiedlichsten Themen wesentliche Bestandteile sind, um gute Noten zu bekommen. Sie lieben es einfach, ihr Wissen mit anderen zu teilen und dieses auch anschaulich darzulegen. Durch ihre hervorragenden kommunikativen Fähigkeiten können sie ihr Publikum auch immer wieder mitreißen und sorgen vielleicht sogar für den einen oder anderen Lacher.

3. Sie sind sehr willensstark und wissen ganz genau, was sie brauchen, um an ihre Ziele zu gelangen. Sie haben kein großes Problem damit, ganz klar und bestimmt zu kommunizieren, wo ihre Prioritäten liegen, und bitten auch andere zur Erreichung ihres Zieles um Hilfe.

4. Extravertierte Kinder können sehr furchtlos und risikofreudig sein. So denken sie meistens nicht groß über irgendwelche Probleme nach, sondern handeln sofort, wenn sich ihnen eine entsprechende Gelegenheit bietet, um an ihr Ziel zu kommen. Somit stellen sie sich sehr schnell neuen Herausforderungen und stehen sich dabei nicht selbst im Weg. Sie agieren also frei nach dem Motto: „Wo ein Wille ist, ist auch ein Weg." Haben sie einmal den perfekten Pfad für sich gefunden, dann ziehen sie ihn auch bis zum bitteren Ende durch.

5. Sie lieben Aktivitäten, die actionreich sowie spannend sind, und haben selbst immer wieder ausgesprochen kreative Ideen, um sich mit Tätigkeiten die Zeit zu vertreiben, die ihnen einen gewissen Nervenkitzel bieten und ihre

Energiereserven so richtig auslasten können. Egal, ob es dabei um ein Mountainbikerennen oder eine selbstkreierte Dschungelsafari im eigenen Garten geht, sie sind immer wieder für Tätigkeiten zu begeistern, bei denen sie sich richtig austoben können.

Neben all diesen markanten Stärken hat jedoch auch dieser Persönlichkeitstyp mit ein paar Schwächen zu kämpfen, über die Sie nun im nächsten Abschnitt mehr erfahren werden. Zur besseren Veranschaulichung kommt jetzt die Antwort auf die elementare Frage:

Was sind die interessantesten Schwächen der kleinen Social Butterflies?

1. Sie können auf manche Menschen in ihrem sozialen Umfeld häufig sehr aufdringlich wirken, denn es gibt viele Menschen, die mit dieser offenen Art nicht viel anfangen können und sie sogar als unangenehm empfinden. Hier sollte vor allem mit dem Kind an einem gesunden Nähe- und Distanzverhältnis gearbeitet werden. Kommunizieren Sie dem Kind gegenüber ruhig Ihre Grenzen, damit es versteht, wie weit es bei Ihnen gehen kann und was für Sie ein absolutes No-Go darstellt. Somit wird auch die Beziehungsbasis um einiges harmonischer sein.

2. Durch ihre impulsive und bestimmte Art kann es vorkommen, dass Extravertierte andere Gruppenmitglieder mit ihren Ansichten unterdrücken und sie erst gar nicht zu Wort kommen lassen. Vor allem sehr zielstrebigen und durchsetzungsstarken Kindern kann es passieren, dass sie die Interessen ihrer Mitmenschen außer Acht lassen, um den eigenen Willen besser durchsetzen zu können. Auf diese Weise besteht die große Gefahr, dass die Ideen von anderen Teammitgliedern ignoriert werden und sich diese dadurch benachteiligt fühlen. Hier könnten Sie mit Ihrem Kind das ‚aktive Zuhören' üben bzw. mit gutem Beispiel vorangehen:

> Aktives Zuhören ist eine besondere Form der Kommunikation, die das gegenseitige Verständnis fördert. Dafür müssen jedoch bei beiden Gesprächspartnern gewisse Voraussetzungen gegeben sein. Der US-amerikanische Psychologe Carl Rogers hat drei Grundvoraussetzungen für das aktive Zuhören beschrieben:

3. <u>Offene Grundhaltung</u>: Hierzu können verbale Äußerungen in Form von Zustimmung, nonverbale Äußerungen wie Nicken oder eine offene, zugewandte Körpersprache gezählt werden. Wir müssen uns einerseits in unser Gegenüber hineinversetzen können (Empathie) und andererseits offen für dessen Äußerungen sein.

4. Prinzipielles Wohlwollen: Sowohl der Zuhörende als auch der Sprechende soll dem anderen grundsätzlich offen gegenübertreten. Man sollte den anderen respektieren und ihn als gleichwertigen Gesprächspartner akzeptieren. Dies nennt Rogers auch „Akzeptanz und positive Beachtung der anderen Person".

5. Authentisches Auftreten: In unserer Kommunikation sollten wir stets versuchen, natürlich zu sein und uns nicht zu sehr zu verstellen. Wenn wir anders auftreten, als wir eigentlich empfinden, erschwert das unserem Gesprächspartner zudem seine empathische Grundhaltung, denn er weiß nicht, wie er mitfühlen soll, wenn wir unsere Gefühle nicht richtig offenbaren. Die Kommunikation sollte also offen erfolgen.

6. Manchmal setzen sie sich unüberlegt Gefahrensituationen aus und denken nicht wirklich über die Konsequenzen ihres impulsiven Vorgehens nach. Extravertierte Kinder handeln meist sehr spontan aus ihrem Bauch heraus und probieren immer wieder neue Tätigkeiten aus, auf die sie gerade Lust haben. Wenn sie also den Drang verspüren, mit einem großen Mountainbike einen steilen Hügel hinabzusausen, dann machen sie es meistens auch, und das ohne Rücksicht auf Verluste. Dabei können diese waghalsigen Einfälle auch sehr gefährlich werden und zu ungewollten Verletzungen führen, weshalb man als Lernbegleiter immer wieder sicherere Freizeitaktivitäten anbieten sollte, wie beispielsweise eine Runde joggen gehen oder mit dem Fahrrad zum nächsten Park fahren, um dort ein paar Runden auf der glatten Fläche zu drehen.

7. Extravertierte Kinder werden äußerst schnell sehr unruhig, wenn sie sich einmal nur mit sich selbst beschäftigen sollen. Fehlen ihnen die aufregenden Außenreize, die sie benötigen, um einen gewissen Nervenkitzel zu verspüren, dann werden sie schnell hibbelig und fühlen sich unwohl. Ihre Sehnsucht nach spannenden Abenteuern und nervenaufreibenden Aktivitäten ist bei ihnen so stark ausgeprägt, dass sie immer wieder auf der Suche nach neuen Herausforderungen sind. Werden sie in ihrer Umgebung nicht fündig, dann reagieren sie unruhig und gegebenenfalls sogar mit schlechter Laune.

8. Sobald der Alltag extravertierter Kinder immer wieder mit gleichen Aktivitäten gefüllt ist und sich täglich nahezu alles für sie wie ein ewiger Kreislauf anfühlt, weil sich gewisse Tätigkeiten ständig wiederholen, wird ihnen sehr schnell langweilig. In solchen Fällen ist es ratsam, die Entspannungsfähigkeit der Kinder zu trainieren, indem man ihnen entweder feste Entspannungszeiten anbietet, während denen das Kind ein Hörspiel hören kann, oder man übt mit dem Kind ein Entspannungsverfahren ein, auf das es immer wieder zurückgreifen kann, wenn es sich unwohl fühlt. Am besten eignet sich das Verfahren der progressiven Muskelentspannung, da diese Entspannungsübung durch den ständigen Wechsel von Anspannung und Entspannung der einzel-

nen Muskelpartien ein eher bewegtes Verfahren ist. Damit Sie dieses Verfahren gleich zu Hause testen können, finden Sie im Folgenden eine kleine Anleitung für die Muskelgruppen der Arme, der Beine, des Bauches und des Kopfes. Für die Durchführung brauchen Sie bequeme Kleidung und eine weiche Matte. Sobald Sie und Ihr Kind alle benötigten Utensilien haben, lesen Sie Ihrem Kind den Text laut vor und achten dabei auf eine korrekte Durchführung der einzelnen Schritte. Der ausgeübte Druck sollte nicht zu stark sein, sondern sich für das Kind angenehm und entspannt anfühlen.

Anleitung der progressiven Muskelentspannung für zu Hause

Audiodatei 2
Progressive Muskelentspannung: Mit all meiner Kraft

Diese Übung können Sie immer dann in Ihren Alltag einbauen, sobald Sie bemerken, dass die Unruhe wieder überhandnimmt. Die progressive Muskelentspannung sorgt nicht nur für eine entspanntere Muskulatur, sondern kann bei regelmäßiger Anwendung das Gefühl der inneren Ruhe und Ausgeglichenheit immer weiter verbessern. Ihr Kind wird von dieser Übung sehr profitieren und spielerisch lernen, seine überschäumenden Emotionen selbst zu regulieren.

Damit Sie nach all diesen Informationen und der eingebauten Entspannungsübung ein besseres Gefühl dafür erhalten, ob eventuell sogar Ihr Kind extravertiert ist, können Sie nun noch einen kleinen Selbsttest durchführen. Schauen Sie sich dazu die verschiedenen Aussagen an und beantworten Sie diese entweder mit „Ja“ oder „Nein“. Je mehr Fragen Sie mit „Ja“ einschätzen, umso größer ist die Wahrscheinlichkeit, dass Ihr Kind extravertiert ist.

Selbsttest: „Ist mein Kind wirklich extravertiert?"

O Mein Kind benötigt den ständigen Kontakt mit Gleichaltrigen. Es tankt seine Energiereserven vollkommen auf, sobald es mit vielen verschiedenen Kindern spielen und kommunizieren kann.

O Mein Kind handelt im Alltag oftmals sehr spontan, ohne großartig über mögliche Konsequenzen nachzudenken.

O Es fühlt sich sehr schnell gelangweilt und reagiert mit schlechter Laune, wenn es mal etwas allein machen soll.

O Mein Kind redet sehr gerne und viel mit anderen. Soll es allerdings über einen längeren Zeitraum still sein und anderen ein offenes Ohr schenken, dann ist es sehr schnell angewidert und richtet seine Aufmerksamkeit lieber auf andere Tätigkeiten.

O Mein Kind fühlt sich am stärksten, wenn es in unerwartete Situationen gerät oder Aufgaben unter Druck erledigen muss. Dann ist es vollkommen in seinem Element und kann über sich hinauswachsen.

O Es spricht sehr laut und schnell, damit auch alle Anwesenden seine Ansichten hören können. Wenn mein Kind etwas zu sagen hat, dann macht es das mit Nachdruck und einem gesunden Maß an Selbstbewusstsein.

O Es spricht recht offen über seine eigenen Gefühle und teilt auch gerne persönliche Details mit anderen, ohne sich dabei unwohl zu fühlen.

O Mein Kind lernt am leichtesten neue Dinge, wenn es mit anderen im Team arbeiten darf.

O In der Schule redet es lieber über die Lerninhalte, anstatt diese aufzuschreiben. Auf diese Weise kann es sich das Wissen besser einprägen.

O Mein Kind ist neuen Ideen gegenüber sehr aufgeschlossen und reagiert mit sehr viel Enthusiasmus, um seine Impulse auch wirklich umzusetzen.

In diesem Kapitel haben Sie sehr viel über die spezifischen Merkmale von hochsensiblen, introvertierten und extravertierten Kindern gelernt, woran man diese Persönlichkeitstypen genau erkennen kann und wie man sie am besten fördert. Beachten Sie allerdings stets, jedes Kind als Unikat zu betrachten und es auf seiner Lebensreise individuell zu begleiten. Dieser Anspruch kann natürlich einen gewissen Kraftakt darstellen. Jedoch ist es nicht unmöglich, jedem Kind mit seinen individuellen Bedürfnissen gerecht zu werden. Behalten Sie sich einfach ein gewisses Maß an Offenheit bei, lernen Sie, sich tagtäglich selbst zu reflektieren, und sehen Sie sich als Lernpartner des Kindes an, der selbst noch sehr viel über die Wunder des Lebens lernen kann.

ADS/ADHS: Die Stoffwechselstörung im Gehirn

„Jetzt beruhig dich doch mal langsam!" oder „Kannst du nicht mal stillsitzen?" – dies sind Sätze, die ADHS-Betroffene fast täglich zu hören bekommen. Im Gegensatz dazu können sich Kinder mit ADS immer wieder die folgenden Sätze anhören: „Immer bist du mit deinen Gedanken woanders. Kannst du dich nicht besser auf den Unterricht fokussieren?" Doch wie sinnvoll sind diese Aussagen denn nun wirklich und führen sie überhaupt zu dem gewünschten pädagogischen Verhalten? Die Antwort auf diese Frage ist ein klares „Nein", denn bei der Entstehung einer ADHS oder ADS spielen genetische sowie biologische Faktoren eine Rolle, auf die ein betroffenes Kind natürlich keinen Einfluss haben kann.

Bis zu 10 Prozent der Kinder haben in ihrem Leben mit einer Konzentrationsschwäche sowie Hyperaktivität zu tun. Bei der Entstehung dieser Verhaltensstörung spielen vor allen Dingen die Gene eine wichtige Rolle. Ja, Sie haben richtig gelesen. Ob ein Kind eine ADHS oder ADS entwickelt, hängt maßgeblich von ihrer genetischen Beschaffenheit ab, sie wird somit innerhalb einer Familie immer wieder an zukünftige Generationen weitervererbt. Biologisch gesehen ist eine Stoffwechselstörung im Nervensystem ursächlich für das Verhaltensmuster verantwortlich, denn sie führt zu einem hormonellen Ungleichgewicht im Körper. Bei ADHS ist das Gleichgewicht der Botenstoffe im Gehirn nicht im Einklang, vordergründig handelt es sich bei diesen Stoffen um die sogenannten Neurotransmitter Noradrenalin und Dopamin, die nicht im ausreichenden Maße zur Verfügung stehen. Durch die Unterversorgung des Gehirns mit diesen Neurotransmittern wird die Übertragung von wichtigen Signalen innerhalb des Gehirns gestört, was die Aufmerksamkeitsspanne und die Motivationsfähigkeit der Kinder erheblich beeinträchtigt. Bei ADHS-Betroffenen wird das Dopamin im Gehirn schneller abgebaut und steht daher nicht in vollem Maße zur Verfügung, weshalb die Funktionsleistung des Gehirns bei betroffenen Kindern erheblich herabgesetzt ist. Aus diesem Grund können sie nicht die volle Konzentrationsleistung bringen, die ein gleichaltriges Kind ohne diese Störung vollbringen kann.

Doch warum ist das so? Dafür gibt es aus biologischer Sicht vor allen Dingen zwei wesentliche Gründe:

- die vorderen Hirnabschnitte von ADHS-Betroffenen verbrauchen weniger Blutzucker, wodurch das Gehirn schlechter durchblutet wird
- die rechte, vordere Hirnregion von ADHS-Kindern ist weniger stark aktiv als die von Kindern ohne diese Störung

Wie Sie sehen, ist also eine neurobiologische Stoffwechsel- und eine Funktionsstörung im Gehirn der Grund dafür, weshalb sich ADHS-Kinder so impulsiv verhalten und über eine geringere Konzentrationsspanne als gleichaltrige Kinder verfügen. Außerdem leiden ADS- oder auch ADHS-Kinder häufiger an einer Schilddrüsenunterfunktion, was sich zusätzlich negativ auf den Stoffwechsel der Neurotransmitter auswirkt. Dieses hormonelle Ungleichgewicht sorgt für die vordergründigen Symptome einer ADHS, die da wären:

- eine leichte Erregbarkeit
- große Impulsivität
- eine geringe Frustrationstoleranz
- ungeschickte Bewegungsabläufe

Ob es sich bei diesen Verhaltensweisen nun wirklich um eine AD(H)S handelt oder vielleicht doch nur auf eine äußerst temperamentvolle Persönlichkeit zurückzuführen ist, lässt sich anhand eines Blickes in die ICD-10 klären. Doch was ist das überhaupt?

Die **ICD-10**, oder auch *International Statistical Classification of Diseases and Related Health Problems* genannt, ist eine medizinische Klassifikationsliste der Weltgesundheitsorganisation (WHO). Diese gibt Psychotherapeuten und Ärzten ein Diagnoseraster an die Hand, das ihnen helfen soll, physische sowie psychische Erkrankungen zu erkennen und darauf aufbauend eine klare Diagnose zu stellen. Laut dem ICD-10 gibt es insgesamt drei Symptomlisten, dabei geht es bei der ersten Liste um das Thema Unaufmerksamkeit, bei der zweiten um die Hyperaktivität und dann gibt es noch eine dritte Symptomliste mit dem übergeordneten Thema der Impulsivität. Wenn ein Kind nun mindestens drei Symptome aus der Liste der Hyperaktivität aufweist und mindestens ein Symptom aus dem Themenbereich der Impulsivität zeigt und diese ganzen Verhaltensweisen bereits vor seinem siebten Geburtstag auftraten, dann darf man als Psychotherapeut nach der ICD-10 die Diagnose der ADHS stellen.

Auf den nächsten Seiten werden Sie mehr über das Phänomen der ADHS und ADS erfahren. Sie werden nicht nur neue Erkenntnisse zum Störungsbild der ADHS oder auch der ADS gewinnen, sondern vielleicht auch besser nachvollziehen können, was sich im Gehirn eines Betroffenen abspielt.

Störungsbild im Überblick

Max ist 12 Jahre alt und geht in die sechste Klasse. Er mag die Schule nicht so sehr, weil er dort immer wieder von den Lehrern ermahnt wird und sich seine Mitschüler deswegen über ihn lustig machen. Dabei weiß er gar nicht so richtig, wofür er immer wieder Ärger von seinen Lehrkräften bekommt. Er gibt doch sein Bestes und bemüht sich immer wieder, die Aufgaben richtig zu lösen. Seiner Meinung nach kann er doch auch nichts dafür, dass er sich im Unterricht nicht so gut konzentrieren kann, und wenn er die richtige Antwort auf eine Frage weiß, warum darf er sie nicht einfach freiheraus sagen? Es ist für ihn manchmal wirklich sehr anstrengend, darauf zu warten, bis ihn endlich ein Lehrer drannimmt. Er möchte doch einfach nur sein Wissen mit der gesamten Klasse teilen. Außerdem liebt es Max, sich sportlich zu betätigen, und 45 Minuten können schon manchmal ganz schön lang sein, um die ganze Zeit stillzusitzen. Manchmal bekommt Max großen Ärger von seinen Lehrern, weil er eben die Antworten ungefragt hinausposaunt oder sich gerne mit seinem Stuhl hin und her bewegt. Das versteht Max dann manchmal nicht, immerhin schadet er ja niemandem mit seinem Verhalten und es ist auch manchmal einfach so unglaublich schwer, die ganze Zeit nur auf die Tafel zu starren und stumm irgendetwas mitzuschreiben. Warum versteht ihn denn keiner? Er gibt doch alles, was er kann, um seine guten Leistungen zu zeigen. Trotzdem wird er von seinen Lehrern als zappelig, unruhig und unkonzentriert beschrieben. Max kann das gar nicht nachvollziehen, immerhin lernt er doch genauso wie alle anderen Mitschüler auch. Was haben die Erwachsenen also für ein Problem?

So ähnlich wie Max geht es vielen ADHS-Betroffenen, denn sie können die geäußerte Kritik ihres Umfeldes nicht immer nachvollziehen. Immerhin arbeiten sie genauso hart, um im Schulstoff voranzukommen, nur ihre kognitive Verarbeitung und ihre Impulskontrolle sind anders als die von ihren Mitschülern. Warum verstehen das so wenige Erwachsene in ihrem näheren Umfeld?

Damit Sie das Verhalten von Kindern wie Max noch besser nachvollziehen können und möglichen Kränkungen vorgebeugt werden kann, finden Sie nun eine genaue Auflistung von möglichen Ursachen, Erscheinungsformen und Therapiemöglichkeiten von ADS- sowie ADHS-Betroffenen, damit das Lernerlebnis auch für diese Schüler wieder positiv geprägt wird und sich die nächsten Lernerfolge bald wieder einstellen können.

Mögliche Ursachen oder verschlimmernde Faktoren von ADHS und ADS

- veränderte Funktionsweise des Gehirns (ausgelöst durch einen Dopaminmangel)
- genetische Veranlagungen (häufiges Auftreten innerhalb der Familie)
- Schwangerschafts- und Geburtskomplikationen (Suchtmittelkonsum in der Schwangerschaft oder Sauerstoffmangel während der Geburt)
- Umwelteinflüsse (Kontakt mit Umweltgiften oder sogar Strahlenbelastungen durch Mobiltelefone)
- belastete Familiensituationen (alleinerziehendes Elternteil, ständige Streitigkeiten, Inkonsequenz in der Erziehung, niedriges Einkommen)

Die oben aufgeführten Beispiele sind natürlich nur ein paar Ursachen für die Entstehung oder Verschlimmerung einer ADHS- oder ADS-Symptomatik. Es gibt noch unzählige weitere Einflussfaktoren, die man einmal genauer unter die Lupe nehmen kann, wenn man sich mit den Entstehungsfaktoren einer ADHS oder ADS genauer auseinandersetzen möchte. Im nächsten Abschnitt geht es nun um die Erscheinungsformen dieser psychischen Besonderheit.

Was ist denn nun charakteristisch für die Erscheinungsform der ADHS?

ADHS-Betroffene zeichnen sich dadurch aus, dass sie

- auf äußere Umstände manchmal sehr impulsiv reagieren können, vor allem dann, wenn sie mit einer Situation überfordert sind.
- auf ihr Umfeld manchmal sehr überdreht wirken. Wenn ihnen etwas besonders viel Spaß macht, fällt es ihnen ausgesprochen schwer, ihre Emotionen unter Kontrolle zu halten. Dann rennen sie meistens umher, schreien oder tanzen, nur, um auf diese Weise ihre emotionale Energie zu steuern.
- innerhalb kürzester Zeit äußerst frustriert sein können, wenn ihnen eine Aufgabe nicht auf Anhieb gelingt. Dann haben sie einfach keine Lust mehr, eine Aufgabe abzuschließen, und lassen sie einfach unerledigt liegen.
- unkonzentriert sind und ihren Fokus sehr schnell von einem äußeren Reiz zum nächsten lenken, vor allem dann, wenn ihnen etwas zu viel wird oder ihre Aufmerksamkeit von einem ganz besonderen Reiz in Anspruch genommen wird.
- Probleme damit haben, geduldig ihre Aufgaben zu erledigen oder auf neue Herausforderungen zu warten. Sie mögen es einfach nicht, irgendwo still herumzusitzen, wenn es doch so viel um sie herum gibt, das sie entdecken können.

Diese Merkmale treffen vordergründig auf Menschen zu, die eine ADHS vorweisen.

Doch wie verhalten sich Kinder, die ausschließlich unter einer ADS leiden?

ADS-Kinder zeigen vor allem die folgenden Verhaltensweisen:

- Sie wirken auf ihr Umfeld sehr trödelig und langsam. Sie lieben es einfach, sich für bestimmte Aufgaben mehr Zeit zu nehmen und die Umwelt um sie herum zu genießen.
- Auch eine große Empfindsamkeit zeichnet sie aus. Sie reagieren sehr schnell gekränkt oder verletzt, wenn ihnen ein Mensch zu laut oder in ihren Augen unhöflich ist. Dann ziehen sie sich lieber zurück und beschäftigen sich lieber allein.
- Wenn sie neue Leute kennenlernen, wirken sie erst einmal schüchtern und zurückhaltend. Sie brauchen eine gewisse Zeit, um zu den Menschen in ihrem Umfeld ein gewisses Vertrauen zu fassen.
- Außerdem verhalten sie sich neuen Situationen gegenüber eher ängstlich und brauchen einen starken Lernbegleiter an ihrer Hand, der sie auch durch herausfordernde Schwierigkeiten führt.

Nun wissen Sie mehr darüber, wie man die Symptome der ADHS von den Symptomen der ADS abgrenzen kann. Als Nächstes erhalten sie einen kleinen Überblick darüber, welche Persönlichkeitsmerkmale bei beiden Formen gleichermaßen auftreten. Schauen Sie sich dafür einfach die folgende Checkliste an:

Welche Charakterzüge zeigen sich sowohl bei ADHS- als auch bei ADS-Kindern?

Beide Persönlichkeitsformen zeichnen sich durch die folgenden Eigenschaften aus:

- Sie verfügen über eine schlechte Feinmotorik, wodurch ihnen Bastelarbeiten, aber auch das Erlernen des Schreibens sehr schwerfallen können.
- Die Schattenseite der Unaufmerksamkeit findet man ebenso bei beiden Formen der AD(H)S. So haben sie große Schwierigkeiten damit, den Ausführungen eines Lehrers oder eines Elternteils genau zu folgen und richtig hinzuhören, was man eigentlich gerade von ihnen verlangt.
- Auch die Vergesslichkeit ist für beide Formen ausschlaggebend. Es kommt also nicht selten vor, dass sie eine eben gestellte Aufgabe gleich wieder vergessen oder einfach nicht mehr wissen, wie man eine bestimmte Matheaufgabe richtig löst, obwohl sie den richtigen Rechenweg schon häufig geübt haben.

Nachdem wir uns nun eingehend mit den Ursachen und Erscheinungsformen von AD(H)S beschäftigt haben, werden wir uns nun dem Thema widmen, wie man die AD(H)S sowohl medikamentös als auch nicht-medikamentös behandeln kann. Sie werden verschiedene Medikamente, aber auch therapeutische Methoden kennenlernen, die am häufigsten bei der Therapie von AD(H)S zum Einsatz kommen.

Mit welchen Medikamenten wird AD(H)S am häufigsten behandelt?

Es gibt durchaus Fachpersonen, die es für angemessen halten, eine AD(H)S durch die Verschreibung bestimmter Medikamente fachgerecht zu behandeln. Dies sollte für Betroffene vor allem dann in Erwägung gezogen werden, wenn der gesellschaftliche Leistungsdruck nicht mehr auszuhalten ist oder die Symptomatik zu anderen schwerwiegenden Problemen im Alltag führt – wie zum Beispiel übermäßige Versagensangst in der Schule aufgrund der AD(H)S. Für die Behandlung werden vor allem die folgenden Medikamente eingesetzt:

- Ritalin
- Strattera
- Attentin
- Elvans

Ob eine medikamentöse Behandlung wirklich sinnvoll ist, wird immer individuell von Fall zu Fall entschieden. Wichtig ist nur, dass sich das Kind mit dieser Entscheidung wohlfühlt und durch die Einnahme keine Nachteile für sein seelisches Wohlbefinden entstehen.

Wer nicht gleich zu Medikamenten greifen möchte, um AD(H)S-Kinder in ihrer Entwicklung zu unterstützen, kann auch einmal die folgenden Methoden im Alltag ausprobieren, um auftretende Symptome auf eine sanftere Weise zu lindern:

1. Schreiben Sie mit dem Kind tägliche Checklisten, damit es den Alltag besser bewältigen kann und auch wirklich nichts vergisst. Egal, ob es um das Thema Schulranzenpacken oder das morgendliche Fertigmachen geht, werden Sie kreativ und gestalten Sie gemeinsam mit Ihrem Kind verschiedene Mindmaps, um die einzelnen Arbeitsschritte zu verdeutlichen. Auf diese Weise kann es sich besser strukturieren und sich besser an die Aufgabenprozesse erinnern.

2. Probieren Sie verschiedene Imaginationsübungen mit Ihrem Kind aus. Eine perfekte und leicht umsetzbare Übung wäre die folgende: Geben Sie Ihrem Kind den Auftrag, sich einen Gegenstand aus dem Zimmer auszusuchen, ohne Ihnen jedoch mitzuteilen, welcher Gegenstand es ist. Bitten Sie anschließend

Ihr Kind, seine Augen zu schließen. Nun soll es sich den ausgewählten Gegenstand vor seinem inneren Auge vorstellen und genau erzählen, wie das Objekt aussieht, wie es riecht, wie es sich in der Hand anfühlt und was man damit alles machen kann. Sie müssen anhand der Beschreibungen erraten, um welchen Gegenstand es sich handelt. Dieses Imaginationsspiel kann das Kind dabei unterstützen, sich Dinge genauer einzuprägen und dabei alle Sinne zu verwenden.

3. Teilen Sie komplexere Aufgaben in kleine Schritte auf. Auf diese Weise werden die einzelnen Handlungen für das Kind ersichtlicher und können leichter von dem Kind ausgeführt werden. Nehmen wir einmal die Handlungsabfolge zum Thema „Hausaufgaben machen". Stückeln Sie diesen Arbeitsprozess in kleinere Teilschritte auf und gestalten Sie eine Übersicht zu den einzelnen Handlungsschritten. Ein Beispiel für diesen Vorgang wäre:

a. Ich setze mich aufrecht an meinen Schreibtisch und lege die benötigten Schulsachen griffbereit auf meinen Platz.

b. Ich lese mir die Aufgaben gründlich durch und überlege mir, wie ich sie am besten lösen kann.

c. Ich arbeite sorgfältig an meinen Hausaufgaben, bis alle Übungen erledigt sind, und lasse mich dabei nicht ablenken.

d. Nachdem ich alle Antworten notiert habe, kontrolliere ich noch einmal, ob ich auch wirklich alles aufgeschrieben habe, was ich zu den Aufgaben wusste.

e. Wenn ich alles fertig kontrolliert habe, räume ich meinen Arbeitsplatz wieder sorgfältig auf und packe meine Schulhefte wieder in den Schulranzen zurück.

4. Bauen Sie tägliche Entspannungszeiten in den Alltag ein. Dabei ist es egal, ob sich Ihr Kind für 20 Minuten Entspannungsmusik anhören darf, bei einer Fantasiereise von fernen Ländern träumt oder ob Sie gemeinsam eine Atemübung durchführen. Alles ist erlaubt, was zu Ihrem Kind passt und ihm hilft, im Alltagstrubel auch mal zur Ruhe zu kommen.

5. Damit Ihr Kind seinem natürlichen Bewegungsdrang nachkommen kann, ist es wichtig, dass es sich auch auspowern darf. Melden Sie es beispielsweise zu einem wöchentlichen Karate- oder Tanzkurs an oder gehen Sie mit ihm gemeinsam schwimmen oder reiten. Alles ist erlaubt, was Spaß macht und dabei behilflich ist, den starken Bewegungsdrang Ihres Kindes zu stillen.

Die bisherigen Informationen haben Ihnen bereits einen umfangreichen Einblick in das Störungsbild der ADHS sowie der ADS vermittelt und Ihnen wertvolle Tipps an die Hand gegeben, die Sie gleich im Alltag umsetzen können.

In den folgenden Abschnitten gehen wir noch detaillierter auf die Hauptsymptome der AD(H)S ein und Sie werden erfahren, wie sich diese vor allem im Schulalltag äußern können.

Herausforderungen für Lernende

Die typischen Symptome einer AD(H)S zeigen sich innerhalb der Schule, vor allem dann, wenn den Schülern Aufgaben gestellt werden, die Wiederholungscharakter haben. Denn bei routinemäßigen Aufgaben fühlen sich AD(H)S-Betroffene schnell gelangweilt, da ihr Geist viel lieber mit neuen Informationen gefüllt werden möchte. Wird von ihnen sehr viel Selbstständigkeit gefordert, dann kommen ebenfalls die typischen AD(H)S-Symptome zum Vorschein, da sie schnell überfordert sein können, wenn ihnen zu viele Freiräume gegeben werden. Das liegt vor allen Dingen daran, dass sie ihre Aufmerksamkeit nicht richtig zentrieren können, wenn sie auf sich allein gestellt sind. Außerdem haben sie große Schwierigkeiten bei der eigenverantwortlichen Organisierung und Strukturierung der Aufgaben. Aus diesem Grund benötigen sie häufiger Hilfestellungen von außen, um den gestellten Anforderungen gerecht zu werden. Gibt der Lehrer seinen Schülern nämlich eine klare Struktur vor, dann kommen die typischen AD(H)S-Symptome nicht so gehäuft vor.

Konzentration: „Sei doch mal aufmerksam!"

Max hat heute in der ersten Stunde Mathematikunterricht und er hat von seinem Lehrer die Aufgabe bekommen, verschiedene Sachaufgaben selbstständig zu lösen. Zuerst hat der Mathematiklehrer natürlich eine Beispielaufgabe an der Tafel vorgerechnet. Doch da hat Max nicht richtig zugehört, weil er damit beschäftigt war, seinen Bleistift anzuspitzen. Als er aus dem Fenster schaute, entdeckte er außerdem eine Baustelle, auf der die Bauarbeiter gerade mit einem Bagger ein großes Loch in die Erde buddelten. Wie gerne wäre Max jetzt einer von ihnen. Doch leider sitzt er in der Schule und muss Matheaufgaben rechnen. Nun soll er die nächsten Aufgaben auch noch völlig allein lösen. Er liest sich den ersten Text durch und versucht, auf das richtige Ergebnis zu kommen. Kurz darauf fordert der Lehrer Max dazu auf, nach vorne zu kommen und die richtige Lösung an der Tafel vorzurechnen. Max stellt sich vor die Klasse und schreibt seinen Rechenweg nieder. Der Lehrer schaut sich alles mit einem prüfenden Blick an, richtet sich zu Max und sagt: „Dieser Rechenweg ist komplett falsch. Es fehlen wesentliche Informationen aus dem Text und du hast die falschen Zahlen eingesetzt. Und wie ich sehe, hast du zwar das Zwischenergebnis ausgerechnet, doch wo ist bitte das Endergebnis? Hast du meine Anweisungen am Anfang der Stunde nicht verstanden? Setze dich bitte an deinen Platz, ich frage einen Mitschüler, ob er das richtige Ergebnis der Klasse vorrechnen kann." Max ist die Situation sehr peinlich, weshalb er sich schnell wieder hinsetzt. Hätte er sich nur besser konzentriert, dann wäre ihm dieser Fehler wahrscheinlich nicht passiert.

Dies ist natürlich nur ein Beispiel, wie sich Unkonzentriertheit im Unterricht zeigen kann. Es gibt noch viele weitere Anzeichen, die auf dieses Symptom hinweisen können. Vor allem bei AD(H)S-Betroffenen können noch die folgenden Anzeichen dazukommen:

- Die Arbeitsweise von AD(H)S-Schülern ist von wenig Sorgfältigkeit geprägt, weshalb sie die wichtigsten Details, die sie zum Lösen einer Aufgabe benötigen, oftmals einfach übersehen.
- Sie haben große Schwierigkeiten damit, die Konzentration über einen längeren Zeitraum konsequent aufrechtzuerhalten. Dies zeigt sich vor allem bei zeitintensiveren Aufgaben. Sollen betroffene Schüler beispielsweise eine größere Klassenarbeit schreiben, dann werden die ersten Aufgaben noch korrekt gelöst. Zum Ende hin entdeckt die Lehrkraft dann immer mehr Schusseligkeitsfehler, was sich später auch auf die Notengebung negativ auswirken kann.
- Im Allgemeinen verfügen sie über ein schlechteres Durchhaltevermögen als andere Kinder, weshalb sie zum Beispiel bei Wettbewerben schneller aufgeben, wenn sie frustriert sind.
- AD(HS)-Kinder bekommen viele Anweisungen oftmals nicht richtig mit, weshalb sie öfter wiederholt werden müssen.
- Sie sind leichter von äußeren Reizen ablenkbar und verlagern ihre Aufmerksamkeit innerhalb kürzester Zeit auf Außenreize, die momentan nicht wirklich relevant sind.
- Arbeitsmaterialien oder Aufgaben werden häufig vergessen. So kommt es nicht selten vor, dass sie beispielsweise ihre Hefte oder Stifte einfach auf dem Platz liegen lassen oder nicht daran denken, sich die Hausaufgaben einzutragen.

HYPERAKTIVITÄT: DAS „ZAPPEL-PHILIPP-SYNDROM"

In der zweiten Stunde hat Max heute Deutschunterricht. Er fühlt sich immer noch aufgewühlt wegen des Vorfalls im Matheunterricht. Heute sollen sie einen Bericht schreiben. Max liegt das Schreiben nicht so sehr, weil ihn seine Deutschlehrerin immer wieder auf sein schlechtes Schriftbild hinweist. Außerdem mag er das ständige Stillsitzen nicht. Heute erklärt seine Lehrerin erst einmal anhand eines Zeitungsartikels, wie so ein Bericht eigentlich aufgebaut ist. Max wippt dabei munter auf seinem Stuhl hin und her. Immerhin musste er ja schon in Mathe so ruhig sitzen bleiben und die Bauarbeiter beobachten, wie sie draußen ihren Spaß haben. Er greift nach seinem Bleistift und spielt ein bisschen mit ihm. Anschließend malt er Rechtecke auf sein Blatt, nur um sie anschließend wieder wegzuradieren. Auf einmal bricht die Bleistiftmine von seinem geliebten Bleistift ab. Nun fühlt sich Max noch frustrierter. Ohne sich zu melden, schnappt er sich einfach seinen Anspitzer und geht zum Papierkorb, um den Stift anzuspitzen. Seine Lehrerin schreit ihn an und fragt ihn, ob er heute einen Wandertag geplant hat. Mit einem verschmitzten Lächeln erwiderte er nur: „Nein, natürlich nicht. Aber bei meinem Bleistift ist die Mine abgebrochen!" „Du brauchst deinen Bleistift jetzt nicht. Setze dich sofort wieder hin, der Bericht wird mit einem Füller geschrieben." Max sieht die Lehrerin total irritiert an, da er aber sowieso schon schlechte Laune hat, setzt er sich bereitwillig wieder auf seinen Platz und hört den Anweisungen der Lehrerin diesmal zu.

Hyperaktivität und unruhiges Hin-und-her-Zappeln sind Hauptmerkmale der AD(H)S. Jedoch kann sich die Hyperaktivität auch an folgenden Verhaltensweisen im Unterricht zeigen:

- Sollen AD(H)S-Schüler eine Aufgabe erledigen, dann wirkt ihr Vorgehen meistens etwas ziel- und planlos. Sie beginnen die gestellten Aufgaben einfach irgendwie und hoffen, dabei den richtigen Lösungsweg für sich schon noch zu finden. Wenn sie auf eine Aufgabe wirklich gar keine Lust haben, dann kritzeln sie einfach irgendwelche Formen auf ihr Blatt. Auf diese Weise werden sie auch überschüssige Energien los.

- Ständiges Stillsitzen fällt ihnen unglaublich schwer, weshalb es auch mal vorkommen kann, dass sie einfach von ihrem Platz aufstehen und im Zimmer umherwandern. In solchen Fällen sollten Sie auf jeden Fall Ruhe bewahren. Fangen Sie an, mit dem Kind zu diskutieren, kann es sein, dass die Situation noch mehr eskaliert und sich die Lage nur schwer wieder beruhigen lässt. Suchen Sie daher ein ruhiges Gespräch mit Ihrem Kind oder machen Sie kurze Sportübungen zusammen. Auf diese Weise wird die Situation entschärft und der AD(H)S-Schüler wird seine überschüssigen Energiereserven spielerisch los.

IMPULSIVITÄT: „BERUHIG DICH DOCH MAL!"

Die erste große Hofpause steht für Max auf dem Plan. Damit er sich von den ersten zwei stressigen Schulstunden etwas erholen kann, geht er sofort raus auf den Schulhof. Er geht zu einer Gruppe von Mitschülern und stellt sich zu ihnen. Sie sprechen ein wenig miteinander über die unterschiedlichsten Themen. Auf einmal dreht sich ein Mitschüler direkt zu Max und fragt ihn: „Sag mal, was ist bei dir eigentlich immer los? Wieso hörst du nicht richtig im Unterricht zu und stehst mitten in der Stunde einfach auf? Wir haben doch keinen Wandertag!" Max möchte eigentlich ruhig bleiben, doch sein Impuls, sich zur Wehr zu setzen, ist zu groß. Deshalb schaut er seinen Mitschüler zornig an und schreit: „Sag mal, was ist eigentlich dein Problem?" Der Mitschüler lacht kurz auf, schaut Max mit einem breiten Grinsen an und sagt: „Also ich habe kein Problem, aber es scheint so, als ob du eines hättest." Max reicht es nun endgültig. Er schubst seinen Mitschüler zur Seite und brüllt ihn an, endlich still zu sein. Doch Max war sich der Konsequenzen seines Schubsers nicht bewusst. Denn nun fängt sein Mitschüler an, ihn in die Ecke zu drängen. Um sich zur Wehr zu setzen, fängt Max an, den Mitschüler weiter anzubrüllen. Eine Lehrkraft ist auf die Rangelei aufmerksam geworden und geht bestimmt dazwischen. Max und sein Mitschüler lassen voneinander ab und der Streit ist beendet. Im nächsten Moment klingelt auch schon die Schulglocke – ein Zeichen für alle Schüler, wieder in die Klassenräume zurückzukehren.

Die Impulsivität zählt mit zu den Hauptmerkmalen einer AD(H)S-Verhaltensstörung. Betroffenen fällt es demnach unglaublich schwer, vor allem in riskanten Situationen die Ruhe zu bewahren und ihre negativen Emotionen selbstständig wieder zu regulieren. Die Folge daraus ist, dass sich AD(H)S-Betroffene häufig in Konfliktsituationen wiederfinden, aus denen sie nur schwer wieder herauskommen. Doch wie kann sich dieses Symptom noch im Unterrichtsgeschehen zeigen? Häufig sind die folgenden Verhaltensweisen im Klassenzimmer zu beobachten:

- Schüler mit AD(H)S zeigen einen sehr flüchtigen Arbeitsstil, was bedeutet, dass sie sich Aufgabenstellungen nicht richtig durchlesen, wodurch wichtige Details übersehen werden, welche für die Erfüllung der Aufgaben aber eigentlich von Bedeutung sind. Somit verlieren sie vor allem in Klassenarbeiten wichtige Punkte, die sie benötigen würden, um eine bessere Note zu erhalten.

- Die Arbeitsweise wirkt häufig sehr chaotisch und ist meist ohne eine wirkliche Struktur. Dies zeigt sich vor allen Dingen darin, dass Aufgaben zwar begonnen, doch dann innerhalb kürzester Zeit unterbrochen werden, nur um die Bearbeitung einige Minuten später wieder aufzunehmen. Manchmal können sie eine Aufgabe auch komplett unterbrechen, um dann mit einer völlig neuen Tätigkeit zu beginnen.

- Fangen AD(H)S-Schüler mit anderen ein Gespräch an, dann ist meist kein roter Faden zu erkennen. Sie haben einen sehr großen Redebedarf und könnten ihren Gesprächspartner stundenlang unterhalten, jedoch springen sie dabei munter von einem Thema zum nächsten, ohne dabei die Reaktionen des Gegenübers abzuwarten. Die Antworten des anderen werden oftmals nicht richtig wahrgenommen, wodurch ein sehr einseitiges Gespräch entstehen kann.
- Sie verfügen über eine geringe Frustrationstoleranz. So können betroffene Kinder oft nicht warten, bis sie an der Reihe sind, um etwas zu sagen, und platzen dann einfach mit der Antwort heraus.
- AD(H)S-Schüler leiden häufig unter großen Stimmungsschwankungen. So können sie in einem Moment noch ganz ruhig und ausgeglichen sein, nur um ein paar Minuten später richtig wütend auf eine bestimmte Situation zu sein. Das hängt vor allem mit der mangelnden Impulskontrolle zusammen. Hilfreich ist es in diesem Fall, mit dem Kind verschiedene Atemübungen zu probieren, damit es sich relativ zügig wieder beruhigen kann.
- Die eigenen Bedürfnisse aufzuschieben, fällt ihnen ausgesprochen schwer. Sie handeln immer aus dem gegenwärtigen Moment heraus, ohne dabei die Folgen des eigenen Handelns zu überdenken. Aus diesem Grund können ohnehin schon aufgeladene Situationen schnell eskalieren, da es ihnen schwerfällt, beispielsweise das Bedürfnis nach Gerechtigkeit zu unterdrücken. Sie wollen sich einfach immer zur Wehr setzen, sobald sie merken, dass sie ungerecht behandelt werden. Doch anstatt einen ruhigeren Weg zu finden, können aufgrund ihrer Impulsivität die Geschehnisse recht schnell unnötig auf die Spitze getrieben werden. In diesem Fall helfen Übungen zur Selbstregulation, wie zum Beispiel das Einüben eines Entspannungsverfahrens.

Schulstress

Max ist nach der Pause noch gestresster als vorher. Warum versteht ihn denn keiner? Er fühlt sich überhaupt nicht mehr wohl in der Schule. Das Aufpassen im Unterricht fällt ihm schwer, das Lernen ist für ihn der pure Stress und mit seinen Mitschülern versteht er sich auch nicht wirklich. Von den Lehrern fühlt sich Max nicht ernst genommen. Am liebsten würde er alles hinschmeißen und gar nicht mehr zur Schule gehen. Seine Mutter ist verzweifelt und hat sich in ihrer Not beim städtischen Schulamt beraten lassen. Bei dem Gesprächstermin stellte sie der Beraterin die alles entscheidende Frage: Was sind die besten Hilfestellungen für Max?

Grundsätzlich kann AD(H)S zu starken schulischen Problemen führen. In den meisten Fällen besteht bei betroffenen Schülern zusätzlich noch eine Teilleistungsstörung wie eine Lese-Rechtschreib- oder sogar eine Rechenschwäche. In Kombination mit dem impulsiven Verhalten und der Hyperaktivität kann das schulische Lernen zu einer ganz schönen Herausforderung werden, wodurch eine normale Teilhabe am Unterricht fast unmöglich wird. Durch das auffällige Verhalten kann es außerdem noch zu Mobbing innerhalb der Klasse kommen, da sich die Mitschüler gestört fühlen könnten. Damit solche Konflikte gar nicht erst aufkeimen, stehen AD(H)S-Betroffenen verschiedene Fördermaßnahmen zu, die ihnen eine Teilhabe am Unterricht ermöglichen sollen. Im Folgenden finden Sie nun einige Beispiele, wie ein AD(H)S-Betroffener während des Schulalltags effizient unterstützt werden kann.

Wichtige Fördermaßnahmen für Schüler mit AD(H)S:

- **Lerntherapie:** Um die oben erwähnten Teilleistungsstörungen kompetent behandeln zu können, bietet sich die Inanspruchnahme einer Lerntherapie an. Zur Genehmigung eines Platzes benötigt man ein psychotherapeutisches Gutachten vom Kinder- und Jugendpsychologen und einen ausführlichen Bericht der Schule, welcher die Lernschwierigkeiten genauestens beschreibt. Sobald man eine Zusage zur Lerntherapie erhält, bekommt das Kind zusätzlich noch eine wertvolle Hilfestellung an die Hand, damit es die Lernschwierigkeiten besser handhaben kann. Die Lerntherapie ist ein Angebot, welches meistens am Nachmittag, direkt nach der Schule, stattfindet. Hier werden auf eine sehr kreative Art und Weise mögliche Lernblockaden gelöst, das Selbstwertgefühl des Kindes wird aufgebaut und mögliche Schulängste werden abgebaut.

- **Schulbegleitung:** Wurden neben der AD(H)S auch noch seelische Belastungen wie Ängste oder Depressionen von einem Psychologen diagnostiziert, hat der Schüler aufgrund eines erhöhten Förderbedarfs ein Anrecht auf Unterstützung in Form eines Schulbegleiters. Dieser begleitet den Schüler über den ganzen Schulalltag hinweg und gibt Hilfestellungen beim Lösen der gestellten Aufgaben. Auf diese Weise fällt es dem AD(H)S-Schüler einfacher, sich auf die geforderten Leistungen zu fokussieren, da er immer jemanden an der Seite hat, der ihm mit Rat und Tat zur Seite steht.

- **Psychotherapie:** Sollten die seelischen Belastungen so groß werden, dass daraus auch Ängste und Depressionen resultieren, die schlimmstenfalls die ganze Familie belasten, dann sollte auf jeden Fall ein Termin beim Psychologen in Erwägung gezogen werden. In der Psychotherapie können schwierige Themen, wie beispielsweise Mobbing durch Mitschüler, offen thematisiert werden. Mithilfe der Verhaltenstherapie können dann Bewältigungsstrategien mit dem Psychologen eingeprobt werden, welche der Schüler im Ernstfall auch umsetzen kann. So können AD(H)S-Betroffene in einem Rollenspiel lernen, sich konsequent durchzusetzen, ohne gleich impulsiv zu reagieren.

Dies sind natürlich nur ein paar Beispiele für konsequente Hilfestellungen der Schüler, damit sich die Symptomatik deutlich verbessern kann. Jedoch verbringt das Kind die meiste Zeit des Tages in der Schule, weshalb Sie im Folgenden auch noch hilfreiche Hinweise bekommen werden, wie man den Lernalltag für einen AD(H)S-Betroffenen entspannter gestalten kann.

Tipps für einen entspannten Lernalltag

1. Struktur und Routine einführen:

Erstellen Sie einen klaren Tagesplan mit festgelegten Zeiten für das Lernen, Pausen, Mahlzeiten und Freizeitaktivitäten. Struktur gibt Kindern mit ADHS Sicherheit und Orientierung.

2. Kurze Lerneinheiten mit Pausen:

Brechen Sie den Lernstoff in kurze, überschaubare Einheiten auf und planen Sie regelmäßige Pausen ein. Kinder mit ADHS haben oft Schwierigkeiten, sich lange zu konzentrieren, daher sind kurze Lerneinheiten effektiver.

3. Interaktive Lernmethoden nutzen:

Verwenden Sie interaktive Lernmethoden wie Spiele, Experimente, Zeichnen oder Bewegung, um den Lernprozess interessant und abwechslungsreich zu gestalten. Kinder mit ADHS lernen oft besser durch praktische Erfahrungen.

4. Lernumgebung optimieren:

Schaffen Sie eine ruhige, gut organisierte Lernumgebung, frei von Ablenkungen wie Fernsehern oder lauten Geräuschen. Ein aufgeräumter Arbeitsplatz kann die Konzentration fördern.

5. Belohnungssystem einführen:

Implementieren Sie ein Belohnungssystem, um positive Verhaltensweisen zu fördern und Motivation zu schaffen. Kleine Belohnungen nach dem Abschluss einer Lerneinheit können helfen, den Lernprozess positiv zu verstärken.

6. Bewegungspausen einplanen:

Integrieren Sie regelmäßige Bewegungspausen in den Tagesablauf, um überschüssige Energie abzubauen und die Konzentration zu steigern. Kurze Spaziergänge, Yoga-Übungen oder aktive Spiele im Freien können hilfreich sein.

7. Flexibilität und Geduld zeigen:

Seien Sie geduldig und flexibel, wenn es darum geht, den Lernplan anzupassen oder auf die Bedürfnisse Ihres Kindes einzugehen. Jedes Kind mit ADHS ist einzigartig und es kann einige Zeit dauern, um herauszufinden, welche Strategien am besten funktionieren.

8. Positives Feedback geben:

Geben Sie regelmäßig positives Feedback und ermutigen Sie Ihr Kind, auch kleine Fortschritte anzuerkennen. Eine positive Verstärkung kann das Selbstvertrauen stärken und die Motivation erhöhen.

Damit Sie AD(H)S leichter bei Kindern erkennen können, finden Sie nun einen kleinen Selbsttest, welcher Ihnen erste Erkenntnisse darüber geben kann, ob Ihr Kind möglicherweise von AD(H)S betroffen ist oder nicht.

Selbsttest: Ist mein Kind wirklich von AD(H)S betroffen?

O Soll das Kind eine Aufgabe erledigen, ist es schnell durch äußere Reize abgelenkt und widmet sich nicht mehr den eigentlichen Aufgaben.

O Dem Kind fällt es sehr schwer, anderen Personen über einen längeren Zeitraum zuzuhören. Daher kann es vorkommen, dass es sich mitten im Gespräch einfach vom Gesprächspartner abwendet und sich mit anderen Tätigkeiten beschäftigt.

O Das Kind fängt zwar wichtige Aufgaben an, bringt sie aber selten zu Ende.

O Das Kind wirkt bei den Hausaufgaben abwesend und träumt vor sich hin.

O Das Kind braucht ständige Bewegung und hat Schwierigkeiten, länger still zu sitzen.

O Das Kind kann sich nur schwer alleine beschäftigen und braucht sehr oft Gesellschaft um sich herum.

O Wenn das Kind eine Aufgabe erledigen soll, dann wirkt seine Arbeitsweise zerstreut und durcheinander.

O Im Streit sagt das Kind häufig Dinge, die ihm hinterher leidtun.

O Das Kind hat Schwierigkeiten damit, andere ausreden zu lassen, und platzt daher immer wieder ins Wort.

O Wenn das Kind eine Aufgabe bekommt, dann vergisst es häufig schnell, was es machen soll, und fragt noch einmal nach.

Wenn Sie mehr als sieben Aussagen angekreuzt haben, dann weist das auf eine mögliche AD(H)S hin. Holen Sie sich am besten Unterstützung von einem Fachmann wie einem Kinderpsychologen. Außerdem ist es ratsam, mit den Lehrern Ihres Kindes ins Gespräch zu kommen und sich zum Verhalten des Kindes in der Schule auszutauschen. Somit können Sie als Team noch einmal auf die Stärken und Schwächen des Kindes schauen und ihm auf diese Weise eine angemessene Lernatmosphäre schaffen.

Der Test: Welcher Lerntyp ist mein Kind?

Marie sitzt gerade im Englischunterricht. Heute steht das Thema „Lebensmittel“ und „im Supermarkt einkaufen“ auf dem Lehrplan. Sie mag dieses Fach nicht so besonders, da sie immer so viele neue Wörter lernen muss und der Satzbau ganz anders ist als in der deutschen Sprache. Muss man denn unbedingt noch eine Fremdsprache lernen? Wir können doch alle schon miteinander reden und uns untereinander gut verstehen. Nach Großbritannien oder Amerika möchte Marie jetzt auch nicht unbedingt. Aus diesem Grund findet sie diesen Unterricht einfach nur langweilig und ist immer etwas frustriert, wenn sie sieht, dass dieses Fach wieder auf ihrem Stundenplan steht. Wenn es nach ihr ginge, würde sie lieber den ganzen Tag Sport treiben oder eigene schöne Kunstwerke zeichnen. Ihre Lieblingsfächer sind eben eher Sport und Kunst. Während des Sportunterrichts kann sie ihre überschüssige Energie loswerden und sich mit ihren Freunden beim Volleyballspiel einfach nur austoben und Spaß haben. Im Kunstunterricht darf sie immer mit ihren Kopfhörern Musik hören und dabei die schönsten Kunstwerke kreieren. Sie liebt es, ihren Gefühlen mit den ganzen bunten Farben Ausdruck zu verleihen. Ihr gehen auch wirklich nie die Ideen für neue Kunstwerke aus. Doch in der heutigen ersten Stunde hat sie natürlich weder Sport noch Kunst, sondern Englisch. Sie hat sich schon darauf eingestellt, sich wieder tierisch zu langweilen und kein einziges Wort zu verstehen. Doch heute kommt alles ganz anders.

Die Englischlehrerin gibt den Schülern den Auftrag, ein eigenes Bild zum Thema Supermarkt zu zeichnen. Dabei sollen sie in die Zeichnung so viele neue Vokabeln integrieren, wie ihnen einfallen. Marie jubelt innerlich vor Freude und schnappt sich gleich ihren Bleistift. Voller Begeisterung malt sie eine komplette Szene in einem Supermarkt. Sie porträtiert sich selbst, wie sie vor einem Obst- und Gemüseregal steht und sich den besten Apfel aus dem Sortiment aussucht. Zusätzlich schreibt sie an jede Skizze den passenden englischen Begriff. Nachdem sie die Grundskizze fertiggestellt hat, schnappt sie sich als Nächstes ihre besten Bunt- und Filzstifte und malt alle Gegenstände und Lebensmittel in den passenden Farben aus. Außerdem achtet sie beim Kolorieren darauf, dass sie auch die Schattierungen richtig einzeichnet, um ihrem Bild mehr künstlerische Tiefe zu verleihen. Als sie ihr komplettes Bild fertiggestellt hat, kommt die Lehrerin zu ihr an den Platz und ist von ihrer Zeichnung einfach nur begeistert. So schlägt sie Marie vor, dass sie ihr Bild doch ruhig einmal der gesamten Klasse zeigen kann. Marie ist überglücklich, schnappt sich ihr Bild und stellt sich damit vor die Klasse. Hoch motiviert beschreibt sie ihren Klassenkameraden ihr Bild und nennt sogar noch die richtigen englischen Begriffe dazu. Die Lehrerin ist von Maries Eifer beeindruckt, weshalb sie ihr die Note Eins für ihre Präsentation gibt. Marie bedankt sich voller Freude bei ihrer Englischlehrerin und setzt sich mit einem breiten Grinsen wieder an ihren Platz. Anschließend übernimmt die Englischlehrerin wieder das Wort und sagt zu den Schülern: „Da wir heute viel geschafft haben und nun am Ende der Stunde angekommen sind, habe ich mir überlegt, heute die Stunde etwas anders abzuschließen. Ich habe ein schönes englisches Bewegungslied zum Thema Obst und Gemüse gefunden, welches ich nun gerne mit euch durchführen würde. Also stellt euch hinter euren Stuhl und reckt und streckt euch mal ganz kurz, während ich das Lied suche." Marie weiß gar nicht mehr, wohin mit ihrer Freude. Sie hat diese Englischstunde soeben zur besten Unterrichtsstunde ihres Lebens erklärt. Die Lehrerin spielt das Lied ab und Marie führt alle gezeigten Bewegungen richtig aus. Diese Englischstunde wird sie so schnell nicht mehr vergessen und auch die gelernten Vokabeln wird sie nun sehr lange in ihrem Gedächtnis behalten.

Wie Sie sehen, kann eine kleine Änderung in der Unterrichtsplanung schon vieles bei den Schülern bewirken und sie dazu motivieren, ihr Bestes im Unterricht zu geben. Denn jeder Schüler lernt auf seine eigene Art und Weise. Es gibt Schüler, die neue Lerninhalte am besten verinnerlichen können, indem sie einfach nur den Erklärungen des Lehrers zuhören oder sogar ihre eigene Stimme aufnehmen und sich diese Audiodatei dann immer wieder anhören. Diese Schüler zählen zu dem auditiven Lerntyp, da sie sich neue Inhalte vor allem dann am besten merken können, wenn sie einer anderen Person oder eben der eigenen Stimme zuhören können. Dann gibt es noch den visuellen Lerntypen, der sich neue Informationen am liebsten beim Filmschauen oder beim simplen Lesen eines Buches einprägt. Dabei sollten diese Medien möglichst ansprechend gestaltet sein und über eine gute Struktur verfügen. Dies hängt natürlich auch vom persönlichen Geschmack des Lerners ab. Manche Schüler lieben beispielsweise bunt gestaltete Folien und wieder andere sortieren ihr neues Wissen in einer selbst kreierten Mindmap.

Des Weiteren gibt es auch den motorischen Lerntyp. Schüler, die in diese Kategorie zählen, lieben es, einfach die Dinge anzupacken und in Bewegung zu kommen. Sie speichern sich neues Wissen am leichtesten ab, wenn sie den Lernprozess mit klassischen Sportübungen kombinieren oder bei lebensweltnahen Themen direkt zu den wichtigsten Orten hinfahren können, um neu Gelerntes direkt anzupacken und so begreifen zu lernen. Im Beispiel von Marie hätte die Englischlehrerin beispielsweise auch einen Supermarktbesuch mit der Klasse durchführen können. Somit wären die Schüler gleich vor Ort gewesen und hätten die verschiedenen Obst- und Gemüsesorten, sinnbildlich gesehen, sofort anpacken und daher besser erlernen können. Es gibt noch einen weiteren relevanten Lerntyp, nämlich den kommunikativen! Dieser prägt sich Lerninhalte am schnellsten ein, wenn er mit anderen in Kontakt treten kann und sich im Team mit den Lernthemen auseinandersetzt und darüber ausgiebig sprechen kann. Für diesen Lerntypen sind also Gruppenarbeiten die ultimative Unterrichtsmethode, um neues Wissen leichter im Gedächtnis zu verankern.

Da Sie nun die vier elementaren Lerntypen kennen, schauen Sie sich doch noch einmal das Beispiel von Marie an. Welchem Lerntypen würden Sie sie zuordnen? Tatsächlich ist das oben beschriebene Beispiel noch durch eine spezifische Besonderheit geprägt, denn Marie lässt sich nicht nur einem einzigen Lerntypen zuordnen, sondern kann gleich in zwei Kategorien eingeteilt werden. Sie zählt also zu den sogenannten Mischtypen. Marie ist sowohl ein motorischer Lerntyp als auch ein visueller Lerntyp. Ihr fällt das Lernen also am leichtesten, wenn sie neue Lerninhalte für sich selbst in Form eines Bildes visualisieren kann und zum Beispiel durch ein Tanzlied ihr gesamter Körper in Bewegung kommt. Doch was gibt es noch alles Interessantes über die vier Lerntypen zu erfahren und wie können Sie als Elternteil Ihr Kind bezüglich seines Lerntyps am besten fördern? In den nächsten Kapiteln erhalten Sie weitere wertvolle Anregungen, damit Ihnen die optimale Gestaltung eines Lernangebots in der Zukunft noch leichter fallen wird. Zur Ermittlung des Lerntyps des Kindes finden Sie hier einen kleinen Selbsttest, den Sie sehr schnell mit Ihrem Kind durchführen können:

Lerntypen-Test

Aufgabe 1:
Lesen Sie dem Kind diese zehn Begriffe zweimal laut und deutlich vor:

- Notizbuch
- Fußballspieler
- Campingplatz
- Hundefell
- Schreibtischstuhl
- Kerzenhalter
- Küchenschrank
- Kopfkissen
- Popcornmaschine
- Schultasche

Dabei soll sich das Kind so viele Begriffe wie möglich merken. Nachdem Sie die Wörterliste vorgelesen haben, geben Sie dem Kind eine Rechenaufgabe. Nachdem es die Aufgabe gelöst hat, soll es nun alle Begriffe aufschreiben, die ihm noch im Gedächtnis geblieben sind.

Aufgabe 2:
Geben Sie dem Kind ein Arbeitsblatt in die Hand, auf dem die folgenden Wörter stehen:

- Blumenwiese
- Kaffeemaschine
- Hundebesitzer
- Sportgerät
- Zahnbürste
- Parkbank
- Kuscheldecke
- Pappkarton
- Türklingel
- Eisenbahn

Das Kind darf alle Wörter zwei Minuten lang durchlesen. Drehen Sie nach der vorgegebenen Zeit das Arbeitsblatt um. Lassen Sie das Kind nun wieder eine Rechenaufgabe lösen. Danach soll das Kind wieder so viele Wörter notieren, wie ihm noch einfallen.

Aufgabe 3:
Verteilen Sie zehn Wortkärtchen im Raum. Auf jedem Kärtchen steht ein anderer Begriff. Nehmen Sie beispielsweise die folgenden Wörter:

- Bastelpapier
- Drachenfrucht
- Bananenbrot
- Entengrütze
- Bauchmuskeln
- Puppenwagen
- Kissenbezug
- Obstschale
- Buchseite
- Bauarbeiter

Nun geht das Kind für zwei Minuten im Raum umher und liest sich die einzelnen Kärtchen durch. Stoppen Sie nach der vorgegebenen Zeit die Stoppuhr und stellen Sie dem Kind anschließend wieder eine Rechenaufgabe. Danach soll das Kind Ihnen noch so viele Begriffe nennen, wie ihm einfallen, und Sie notieren sich diese.

Aufgabe 4:
Führen Sie eine Partnerarbeit mit dem Kind durch. Geben Sie ihm dazu erst einmal ein Arbeitsblatt in die Hand, auf dem die folgenden Wörter abgebildet sind:

- Gartenschere
- Mobiltelefon
- Internetanschluss
- Federmappe
- Mülleimer
- Sportartikel
- Löwenmähne
- Zebrastreifen
- Glockenspiel
- Farbpalette

Lesen Sie sich das Blatt gemeinsam durch und besprechen Sie jedes einzelne Wort gemeinsam. Lesen Sie sich gegenseitig die Begrifflichkeiten vor. Nach zwei Minuten geben Sie dem Kind wieder eine Rechenaufgabe, die es selbstständig lösen muss. Nach der Aufgabe soll das Kind Ihnen wieder so viele Begrifflichkeiten nennen, die ihm noch im Gedächtnis geblieben sind. Schreiben Sie sich diese wieder in Ihr Notizbuch.

Auswertung des Tests

Hat das Kind während des ersten Tests die meisten richtigen Begriffe genannt, dann ist es höchstwahrscheinlich ein ***auditiver Lerntyp.***

Ist der zweite Testdurchlauf besser verlaufen und das Kind konnte bei dieser Aufgabe die meisten richtigen Begriffe nennen, dann zählt es vorzugsweise zum ***visuellen Lerntyp***.

Fand das Kind die Aufgabe Nummer drei am besten und konnte sich während dieser Übung an die meisten Wörter erinnern, dann ist es mit aller Wahrscheinlichkeit ein ***motorischer Lerntyp***.
War die letzte Aufgabenstellung für das Kind am spaßigsten und war es für das Kind ein Klacks, so viele richtige Begrifflichkeiten wie möglich zu nennen, dann kann man es der Kategorie ***des kommunikativen Lerntyps*** zuordnen.

Da Sie nach diesem kleinen Test nun besser abschätzen können, zu welchem Lerntyp Ihr Kind zählt, können Sie nun die Lernangebote viel besser an die Bedürfnisse des Kindes anpassen. Damit Ihnen diese Herausforderung noch besser gelingt, finden Sie in den nächsten Kapiteln weitere Informationen zu den einzelnen Lerntypen und erhalten dazu noch wertvolle Tipps, wie Sie neue Lerninhalte sinnvoll aufbereiten können, damit das Kind sie besser aufnehmen kann.

Auditiver Lerntyp

Der auditive Lerntyp (von lat. „audire" = hören) kann im Lernprozess am besten mit dem Ohr neue Informationen aufnehmen. Aus diesem Grund fällt es ihm besonders leicht, zu verstehen, was die Lehrkräfte ihm erklären wollen. Zu einer vorgestellten Präsentation, einem Tafelbild oder einem Diagramm braucht der auditive Typ zusätzlich noch eine mündliche Erläuterung, um die dargestellten Lerninhalte noch besser zu verinnerlichen.

Alles, was er von anderen gesagt und erklärt bekommt, ist für ihn stimmig und nachvollziehbar. Der auditive Lerntyp liebt besonders Hörbücher, denn ihnen kann er sehr gut folgen und er kann so die wichtigsten Informationen verstehen. Das Lesen hingegen ist für ihn meistens mit sehr viel Anstrengung verbunden und erfordert von ihm eine große Konzentrationsleistung.

Lerntipps für den auditiven Lerntypen

Schüler, die zum auditiven Lerntypen zählen, sollten Sie als Elternteil folgendermaßen beim Lernen unterstützen:

1. Stilles Lesen ist für diesen Lerntypen nicht sehr optimal. Geben Sie ihm aus diesem Grund immer wieder die Möglichkeit, die Texte selbstständig und laut vorzulesen! Soll Ihr Kind komplexere Lerninhalte verinnerlichen, dann geben Sie dem auditiven Lerntypen die Chance, sich selbst Eselsbrücken zu kreieren und diese laut auszusprechen.

2. Mündliche Aufgaben lösen diese Lerntypen besonders gern. Bieten Sie Ihrem Kind also öfter die Gelegenheit, neue Wissensinhalte in Form eines Vortrags aufzuarbeiten und zu präsentieren. Dies kann Ihr Kind dann vor dem Spiegel üben.

3. Seien Sie immer wieder kreativ und geben Sie Ihrem Kind beispielsweise die Aufgabe, neue Lerninhalte als Songtext zu verarbeiten. Es kann dann den selbstgeschriebenen Song entweder laut vorlesen oder singen oder rappen.

4. Auditive Lerntypen reagieren sehr stark auf eine unangenehme Geräuschkulisse. Sie können sich nicht richtig konzentrieren, sobald es in ihrem Lernumfeld zu laut wird. Achten Sie daher immer auf einen angemessenen Geräuschpegel.

Visueller Lerntyp

Der visuelle Lerntyp (von lat. „videre" = sehen) kann am leichtesten neue Lerninhalte aufnehmen, indem er Bücher liest oder Bilder anschaut. Durch selbst erstellte Grafiken und Bilder kann sich der visuelle Lerntyp die neuen Informationen am leichtesten verinnerlichen. Es gibt Schüler, die ein zu großes Tafelbild oder komplizierte Diagramme lieber vermeiden. Dies ist aber beim visuellen Lerntyp nicht der Fall. Denn er liebt es, sich immer wieder neue Tafelbilder durchzulesen oder auch selbst kreativ zu werden, indem er sich sein eigenes Lernposter kreiert. Sobald der Lehrer die ganze Stunde lang nur über das neue Wissen spricht und unglaublich lange Vorträge dazu hält, fällt es dem visuellen Lerntyp sehr schwer, alle relevanten Informationen zu verstehen und in seinem Gedächtnis zu verankern. Bei ihm ist die Wahrscheinlichkeit sehr groß, dass er bei zu vielen Erzählungen den roten Faden verliert und somit den eigentlichen Inhalt nicht mehr richtig aufnehmen kann. Aus diesem Grund können visuelle Lerntypen beispielsweise mit einem Hörbuch nicht sehr viel anfangen, da es ihnen während des Zuhörens sehr schwerfällt, wirklich alle dargestellten Inhalte zu verstehen. Sie lernen am besten, wenn sie sich Filme oder Dokumentationen zu den Lernthemen anschauen dürfen. Dabei sprechen sie sehr stark auf eine gute Bildschärfe und viele bunte sowie satte Farben an. Sobald sie von den visuellen Effekten eines Bildes oder eines Diagramms positiv angetan sind, fällt es ihnen am leichtesten, das neue Wissen noch besser zu verinnerlichen.

Lerntipps für den visuellen Lerntypen

Wenn sich Ihr Kind vordergründig zum visuellen Lerntypen zählen lässt, dann finden Sie hier wichtige Hinweise, die es Ihnen ermöglichen, eine optimale Lernatmosphäre zu schaffen:

1. Lassen Sie Ihr Kind kreativ werden und geben Sie ihm die Möglichkeit, sich künstlerisch zu betätigen. Machen Sie dem Kind den Vorschlag, dass es passend zum Unterrichtsthema verschiedene Skizzen, Mind-Maps oder Diagramme anfertigen darf. Alles, was visuelle Lerntypen in einem Bild zusammenfassen, ist für sie leichter verständlich, wodurch sie auch schwierige Zusammenhänge viel besser begreifen können.

2. Lassen Sie Ihr Kind selbstständig Bilder recherchieren und eigene Veranschaulichungen zum Thema am Computer kreieren. Arbeiten Sie außerdem mit mentalen Eselsbrücken und wenden Sie beispielsweise die Loci-Methode an, um vor allem schwierige Zusammenhänge zu verdeutlichen. Bei dieser Methode sucht sich Ihr Kind einen bekannten Ort aus, das kann beispielsweise Ihr Zuhause sein. Nun soll es sich gedanklich vorstellen, wie es durch die Zimmer des Hauses geht. Welche besonderen Gegenstände sieht es, wenn es durch das Haus läuft? Ihr Kind darf sich nun ein paar dieser Gegenstände als sogenannte Ankerpunkte aussuchen. Sobald es diese Gegenstände

ausgewählt hat, kann es sie mit den zu lernenden Informationen verknüpfen. Soll Ihr Kind beispielsweise die englischen Vokabeln für Möbel lernen, dann kann es sich vor seinem inneren Auge vorstellen, wie es sich die einzelnen Möbelstücke anschaut, und die Bilder währenddessen mit den englischen Begriffen verknüpfen. Durch die Visualisierung wird es ihm leichter fallen, sich später an die gesehenen Bilder zu erinnern.

3. Geben Sie Ihrem Kind die Möglichkeit, Karteikarten zu den Unterrichtsthemen zu erstellen, denn diese eignen sich ganz besonders gut, damit visuelle Lerntypen das Thema in seiner Tiefe noch besser verinnerlichen können. Für ein leichteres Vokabellernen bieten sich Karteikästen an. Auch in diesem Fall können Sie Ihr Kind kreativ werden lassen, indem Sie ihm ermöglichen, seine eigenen Karteikästen zu erstellen. Ein Karteikasten besteht aus insgesamt drei Fächern. In das erste Fach legt Ihr Kind alle Vokabeln, die es noch nicht so gut beherrscht. In das zweite Fach werden alle Vokabelkärtchen gelegt, welche Ihr Kind zwar schon gut wiedergeben kann, sich aber noch nicht richtig im Langzeitgedächtnis befinden. Im dritten Fach werden alle Vokabelkärtchen verstaut, die bereits sehr sicher im Gedächtnis des Kindes verankert sind. Nun lernt Ihr Kind jeden Tag mit diesem selbstgebastelten Karteikästchen und wiederholt die Vokabeln im ersten Fach mindestens sechsmal, die Vokabeln im zweiten Fach viermal und die Vokabeln im letzten Fach braucht es sich nur zweimal durchzulesen. Je öfter sich Ihr Kind an eine schwierige Vokabel erinnert, desto schneller kann es das Vokabelkärtchen in das letzte Fach befördern. Visuelle Lerntypen merken sich oft viele Details eines solchen Lernkärtchens, wie zum Beispiel die Farbe der Karte oder ein eingeknicktes Eselsohr. Diese markante Eigenschaft verbinden sie dann mit der Vokabel, wodurch sie sich viel besser an sie erinnern können.

4. Weisen Sie Ihr Kind immer wieder darauf hin, den Lernstoff in seinen eigenen Worten zu verfassen. Denn auch das Schreiben hilft vor allem dem visuellen Lerntypen beim Lernen. Geben Sie Ihrem Kind bei der nächsten Leseaufgabe doch einfach mal den Auftrag, die gelesenen Textstellen in eigenen Worten zusammenzufassen und aufzuschreiben. Bei den visuellen Lerntypen bleibt jedes geschriebene Wort besser im Gedächtnis haften.

5. Lassen Sie Ihr Kind Lernposter über verschiedene Unterrichtsthemen erstellen. Natürlich sollte Ihr Kind auch innerhalb des Unterrichts die Gelegenheit erhalten, beispielsweise in Form einer Gruppenarbeit ein schönes Lernposter für die Klassenzimmerwand herzustellen. Auf diese Weise wird Ihr Kind immer wieder mit dem neuen Lernstoff konfrontiert, sobald es sich die Wand anschaut. Durch die visuellen Effekte kann Ihr Kind sich die Lerninhalte noch besser einprägen, weil es das Wissen wieder mit spezifischen Merkmalen verknüpfen kann.

Motorischer Lerntyp

Der motorische Lerntyp versteht vor allem komplizierte Zusammenhänge am besten, indem er selbst aktiv am Lernprozess beteiligt wird und die neu erlernten Arbeitsprozesse selbstständig durchführt. Außerdem versteht er neue Inhalte am leichtesten, wenn er sich die benötigten Arbeitsprozesse direkt bei jemandem anschaut, damit er sie im Anschluss selbstständig ausprobieren kann. Der motorische Lerntyp profitiert also am meisten davon, wenn er direkt am eigenen Lernprozess beteiligt ist. Somit kann er die dargestellten Inhalte besser verinnerlichen und sie später besser selbstständig umsetzen. Er lernt somit frei nach dem Motto „learning by doing", was so viel bedeutet wie „Lernen durch Handeln". Die wichtigste Grundvoraussetzung, damit das Lernen für den motorischen Lerntypen optimal gelingt, ist es, selbstständig Erfahrungen zu sammeln und daraus persönliche Schlüsse zu ziehen.

Für diese Lerntypen ist es besonders wichtig, das große Ganze eines bestimmten Themas zu verstehen, denn vereinzelte Aspekte wirken für sie eher kompliziert. Daher ist es ratsam, ihnen Aufgaben zu geben, bei denen sie erst einmal das Kernthema einer Sache verstehen, um sich anschließend um die Details zu kümmern.

Für den motorischen Lerntypen ist es also hilfreich, zuerst mit einem Besuch in einem Einkaufsladen zu starten und ihm dort alle benötigten Vokabeln zu erklären, wenn er beispielsweise die englischen Vokabeln für den Supermarkt lernen soll. Geben Sie ihm einen englischen Einkaufszettel in die Hand, der außerdem mit den dazu passenden Bildern gestaltet ist. Diesen kann er benutzen, um die benötigten Lebensmittel einzukaufen. Nach dem Einkauf können Sie ihm dann schriftliche Vokabellisten geben, damit er die Wörter wiederholen kann.

Lerntipps für den motorischen Lerntypen

Wenn sich Ihr Kind vordergründig zum motorischen Lerntypen zählen lässt, dann finden Sie hier wichtige Hinweise, die es Ihnen ermöglichen, eine optimale Lernatmosphäre zu schaffen:

1. Geben Sie Ihrem Kind Lernmaterialien zum Anfassen, egal, ob es sich dabei um Experimentierkästen oder Modelle handelt. Bieten Sie Ihrem Kind Materialien an, die es sofort nutzen und mit denen es in Aktion treten kann.

2. Bieten Sie Ihrem Kind die Möglichkeit an, in Gruppen zu lernen. Kreieren Sie verschiedene Rollenspiele, die zu den besprochenen Unterrichtsthemen passen, damit die Kinder das Gelernte sofort in die Tat umsetzen können.

3. Gestalten Sie Lernangebote, bei denen Ihr Kind das Gelernte sofort in die Hand nehmen kann. Besorgen Sie sich verschiedenes Anschauungsmaterial zu den Themen. Werden beispielsweise im Sachkundeunterricht über die verschiedenen Baumarten gesprochen, dann suchen Sie doch mit Ihrem Kind

von jedem Baum ein Blatt. Gehen Sie mit Ihrem Kind im Wald spazieren, damit es selbstständig eine Blättersammlung anfertigen kann.

4. Bauen Sie Bewegungspausen in die Lernphasen ein! Lassen Sie Ihr Kind ein Laufdiktat schreiben, tanzen Sie gemeinsam zu einem englischen Lied oder gehen Sie kurz mit nach draußen, damit Ihr Kind ein paar Runden laufen kann. Alles ist erlaubt, was Ihr Kind in Bewegung bringt und seinen Körper während des Lernens fit hält.

Kommunikativer Lerntyp

Der kommunikative Lerntyp genießt das Lernen am meisten, wenn er mit anderen über ein Thema diskutieren darf und ins Gespräch kommt. Erst im gemeinsamen Dialog erschließen sich kommunikativ Lernenden die Zusammenhänge, wodurch sie die Bedeutungen der neu erlernten Inhalte viel besser begreifen können. Sie verstehen die Zusammenhänge neuer Wissensinhalte am besten, indem sie sich zum Themengebiet die passenden Fragestellungen formulieren und die Lösungen dafür in Gruppenarbeit oder bei einer hitzigen Diskussion finden können.

Kommunikative Lerntypen mögen es nicht sonderlich, wenn sie sich Lerninhalte alleine erschließen müssen. Sie brauchen jemanden, mit dem sie ausführlich über das Gelernte diskutieren können oder mit dem sie ihre Ansichten zum Lerninhalt teilen können.

Sie lieben es, aus den gegebenen Informationen neue Fragen zu entwickeln und auf diese dann eine ausführliche Antwort zu finden. Die ständige Kommunikation über den Lernstoff unterstützt sie dabei, das neue Wissen besser im Gedächtnis zu verankern und in ihrem Langzeitgedächtnis abzuspeichern.

Lerntipps für den kommunikativen Lerntypen

Wenn sich Ihr Kind vordergründig zum kommunikativen Lerntypen zählen lässt, dann finden Sie hier wichtige Hinweise, die es Ihnen ermöglichen, eine optimale Lernatmosphäre zu schaffen:

1. Geben Sie Ihrem Kind die Möglichkeit, neue Lerninhalte in Kleingruppen zu erarbeiten. Wenn es sich anbietet, können Sie die Gruppen auch auf mehrere Räume verteilen, damit die Gruppen ungestört miteinander reden können.

2. Lassen Sie Ihr Kind verschiedene Rollenspiele spielen. So können Sie sich beispielsweise in Partnerarbeit anhand eines Interviews verschiedene Fragen zum neuen Thema stellen und somit über das Gelernte diskutieren und sich gegenseitig Fragen stellen.

3. Gehen Sie in den Dialog mit Ihrem Kind. Fragen Sie nach, was es bewegt und was es über das aktuelle Thema denkt. Geben Sie auch Ihrem Kind immer wieder genügend Raum, um mögliche Verständnisfragen stellen zu können.

4. Spielen Sie ein Quiz zum Unterrichtsthema mit Ihrem Kind. Formulieren Sie gemeinsam Fragen und schreiben Sie diese anschließend auf kleine Karten. Sobald Sie genügend Fragen gesammelt haben, starten Sie mit dem Spiel und fragen sich gegenseitig ab.

Natürlich gibt es noch weitere Möglichkeiten, die verschiedenen Lerntypen entsprechend Ihrer Interessen zu fördern. Bleiben Sie daher stets kreativ und konzipieren Sie die passenden Lernangebote für Ihr Kind. Probieren Sie einfach verschiedene Methoden aus, so werden Sie sicherlich den Lernbedürfnissen Ihres Kindes gerecht.

Die vier Stärken des konzentrierten Lernens

Die magischen vier Wörter für effektives und konzentriertes Lernen lauten: Selbstvertrauen, Selbstwahrnehmung, Selbstwirksamkeitserwartung und Selbststeuerung. Sie bilden die optimale Grundlage dafür, dass Lernen überhaupt erst gelingen kann. Dabei sollte ein Kind über ein gesundes Maß dieser vier Kernkompetenzen verfügen, um dem Lernprozess offen und neugierig gegenüberzustehen. Sobald auch nur eine Eigenschaft aus dem Gleichgewicht geraten ist, wird effektives Lernen für das betroffene Kind zur herausfordernden Challenge, wodurch es neuen Lerninhalten nicht mehr aufgeschlossen und neugierig gegenübertreten kann. Aus diesem Grund sollte man als optimaler Lernbegleiter immer ein Auge darauf haben, wie gut diese vier Stärken momentan ausgeprägt sind. Sollten Sie einen Mangel bei dem Kind feststellen, dann lohnt es sich auf jeden Fall, die betroffenen Stärken mithilfe von geeigneten Bewältigungsstrategien wieder aufzubauen, damit das Kind den Lernprozess wieder in vollen Zügen genießen kann. Mit welchen Strategien Ihnen das am besten gelingt und wie die vier Stärken des konzentrierten Lernens richtig definiert werden, betrachten wir nun genauer.

Selbstvertrauen

Wie sehr kann ich meinen eigenen Fähigkeiten vertrauen? Diese Frage hat sich sicherlich jeder von uns schon einmal in seinem Leben gestellt. Egal, ob man gerade vor einer großen Prüfung steht oder sich selbst und sein erworbenes Wissen vor einer großen Gruppe präsentieren soll, kurz davor gehen sicherlich jedem Menschen die folgenden Gedankengänge durch den Kopf: „Bin ich wirklich gut genug, um die bevorstehende Aufgabe richtig anzupacken?"

Sobald ein Kind kein Selbstvertrauen hat, fällt es ihm schwer, sich selbst wahrzunehmen. Es möchte sich einfach nicht mit seinen Schattenanteilen auseinandersetzen, da dies eben auch sehr schmerzhaft sein kann. Dabei ist das Selbstvertrauen ein wichtiger Faktor, wenn es um die Entwicklung und das seelische Wohlbefinden eines Kindes geht. Denn eins ist sicher: Kinder mit einem gesunden Selbstvertrauen haben oftmals mehr Erfolg in der Schule und in ihren sozialen Beziehungen. Sie können anstehenden Herausforderungen leichter ins Auge blicken, da sie sich selbst und ihren Fähigkeiten voll und ganz vertrauen. Sie können sich zudem besser auf die gestellten Aufgaben konzentrieren, da sie schon im Vorfeld glauben, dass sie sie lösen werden. Sollte es ihnen jedoch nicht gelingen, eine Aufgabe zu lösen, dann ist das für sie kein Weltuntergang, sondern eher der Ansporn, sich beim nächsten Versuch noch mehr anzustrengen. Dahingegen können sich Schüler mit einem niedrigen Selbstvertrauen meistens nur sehr schwer auf eine Aufgabe fokussieren. Der Grund dafür liegt in der Angst, zu versagen oder den Anforderungen nicht gerecht zu werden. Diese negativen Gefühle verbrauchen in ihrem Inneren unglaublich viel Energie, wodurch sie sich nur sehr schwer auf die gestellten Aufgaben konzentrieren können. Somit ist die Wahrscheinlichkeit sehr hoch, dass sie wesentliche Hinweise zur Lösung einer Aufgabe vor lauter Stress erst gar nicht richtig lesen und somit die Aufgabe nicht lösen können. Dadurch passieren ihnen Fehler, die eigentlich vermieden werden könnten. Durch die mangelnde Konzentrationsleistung können sie auch in Prüfungssituationen nicht mehr ihr volles Potenzial nutzen, wodurch sie mit ihren Noten abrutschen. Ein Teufelskreis aus Angst, Stress und Sorge entsteht, der einen angenehmen Lernprozess erst gar nicht möglich macht. Damit das Kind erst gar nicht in so eine Notsituation gelangt, sollten Sie die Warnzeichen eines zu niedrigen Selbstvertrauens beizeiten identifizieren können. Achten Sie daher auf die folgenden Warnzeichen:

Anzeichen für ein zu niedriges Selbstvertrauen bei Kindern:

- Das Kind spricht abwertend über sich selbst. Steht es vor einem Spiegel und betrachtet sich selbst, können Sätze fallen wie „Ich bin einfach zu dick“ oder „Ich bin viel zu dumm dafür“.
- Das Kind vermeidet bestimmte Tätigkeiten, wie beispielsweise das Halten einer Präsentation, weil es Angst hat, zu scheitern und sich dabei noch zu blamieren.
- Das Kind meidet den Kontakt mit anderen und wenn es doch einmal mit seinem sozialen Umfeld spricht, dann ist es dabei sehr leise und zurückhaltend.
- Dem Kind fällt es schwer, seine eigenen Grenzen zu setzen und auch mal „Nein“ zu sagen, wenn ihm etwas nicht gefällt.
- Das Kind vergleicht sich ständig mit anderen Kindern und kommt letzten Endes zu dem Entschluss, dass andere besser sind.

Sollten Sie bei Ihrem Kind feststellen, dass es über ein niedriges Selbstvertrauen verfügt, können Sie ihm folgende Hilfestellungen anbieten:

1. Solange das Kind selbst noch nicht an sich glauben kann, geben Sie ihm das Gefühl, dass Sie seinen Fähigkeiten vertrauen. Feiern Sie seine Erfolge und zeigen Sie ihm, dass Sie stolz auf es sind, indem Sie seine Stärken hervorheben.

2. Übertragen Sie dem Kind kleine Verantwortlichkeiten. Geben Sie dem Kind im Alltag die Möglichkeit, selbstständig Entscheidungen zu treffen. Egal, ob

es um die passende Hose oder eine bestimmte Freizeitaktivität geht, übergeben Sie dem Kind die Verantwortung, damit es merkt, dass seine Handlungen auch eine bestimmte Wirkung erzeugen.

3. Fördern Sie die Talente des Kindes und unterstützen Sie es dabei, dass es diese Interessen auch im Alltag ausleben darf. Ob das Kind nun gerne zeichnet oder lieber Sport treibt, geben Sie ihm die Chance, seinen Neigungen auch wirklich nachzugehen.

4. Ermutigen Sie Ihr Kind, seine Fehler als Lernchance zu sehen, und erklären Sie ihm, dass Fehler zum Lernprozess gehören und normale Erfahrungen sind, an denen es nur wachsen kann. Dadurch kann das Kind mögliche Ängste und Perfektionismus abbauen.

5. Fördern Sie die sozialen Fähigkeiten Ihres Kindes, indem Sie ihm dabei helfen, gute soziale Beziehungen zu anderen Kindern aufzubauen und aufkommende Konflikte auf Augenhöhe zu lösen. Helfen Sie Ihrem Kind beispielsweise mit neuen Freundschaften, indem Sie mit den Eltern der Mitschüler in Kontakt treten. Dadurch kann sich bei dem Kind ein Gefühl der Zugehörigkeit und des Selbstvertrauens entwickeln.

Beachten Sie, dass jedes Kind anders ist und verschiedene Bedürfnisse hat. Sobald ein Tipp bei einem Kind hervorragend funktioniert, kann es sein, dass dieser bei einem anderen nicht gleich die gewünschte Wirkung zeigt. Finden Sie daher mit viel Fingerspitzengefühl heraus, was genau Ihrem Kind hilft, und passen Sie Ihre Vorgehensweise dementsprechend an. Bedenken Sie, dass der Aufbau eines gesunden Selbstvertrauens manchmal viel Zeit benötigt. Seien Sie daher geduldig mit dem Kind und unterstützen Sie es kontinuierlich dabei, sein Selbstvertrauen Stück für Stück und in seinem eigenen Tempo aufzubauen. Sie werden sehen, dass sich mit der Zeit auch wieder die Freude am Lernen beim Kind einstellen wird.

SELBSTWAHRNEHMUNG

Die Selbstwahrnehmung ist die Kompetenz, seine eigenen Gefühle, Gedanken und Handlungen bewusst wahrzunehmen und diese anschließend auch zu reflektieren. Eine gesunde Selbstwahrnehmung ermöglicht es, das eigene Verhalten und die eigenen Entscheidungen kritisch zu reflektieren, um somit besser unsere Ziele und Wünsche erreichen zu können. Eine gut ausgeprägte Fähigkeit zur Selbstwahrnehmung ist wichtig für die persönliche Weiterentwicklung, aber auch, um gesunde Beziehungen zu anderen Menschen aufzubauen. Es gibt unterschiedliche Formen der Selbstwahrnehmung:

- **die emotionale Selbstwahrnehmung:** Dies ist die Kompetenz, die eigenen Emotionen zu identifizieren und der Ursache auf den Grund zu gehen. Eine gesunde Auseinandersetzung mit unseren Gefühlen sorgt für seelische Ausgeglichenheit und innere Ruhe.
- **die kognitive Selbstwahrnehmung:** Diese Fähigkeit unterstützt uns dabei, die eigenen Gedanken und daraus resultierenden Verhaltensmuster besser zu verstehen und nachvollziehen zu können. Durch die eigene Selbstreflexion können wir unnötigen Sorgen auf die Spur kommen, um diese Stück für Stück abzubauen.
- **die soziale Selbstwahrnehmung:** Dies ist die Fähigkeit, seine eigene Rolle in Gruppen zu erkennen und die Ansichten von anderen zu berücksichtigen.

Ein gesundes Maß an Selbstwahrnehmung kann Kindern während des Lernprozesses zu mehr Selbstsicherheit verhelfen und sie dabei unterstützen, ihre gesetzten Lernziele und Wünsche auch wirklich zu erreichen. Vor allem bei herausfordernden Tests oder Prüfungen kann eine gesunde Selbstwahrnehmung dem Schüler helfen, besser mit dem Stress umzugehen und seine Angstgefühle zu regulieren, wodurch er sich leichter auf die gestellten Aufgaben fokussieren kann. Im zwischenmenschlichen Bereich kommuniziert ein Schüler mit gut ausgeprägter Selbstwahrnehmung einfühlsamer mit anderen und stellt sich leichter auf die Lernbedürfnisse seiner Mitschüler ein. Doch wie können Sie nun die wichtige Kompetenz der Selbstwahrnehmung bei Ihrem Kind fördern? Im Folgenden finden Sie dazu einige Tipps und Anregungen.

Tipps, um die Selbstwahrnehmung bei Kindern zu stärken:
Probieren Sie bei sehr unangenehmen Gefühlen wie Wut oder Angst verschiedene Atemübungen aus. Damit lernt das Kind nicht nur, die eigenen Gefühle besser zu erkennen, sondern auch, diese angemessen zu benennen.

Übung: Hab keine Angst mehr, alles wird gut

Was brauchst du?
Optional: Stift und Papier

Es gibt viele verschiedene Möglichkeiten, die Angst verschwinden zu lassen. Eine hiervon ist die liegende Acht. Übe die liegende Acht gerne immer dann, wenn du magst. Wenn du dann eines Tages Angst spürst, die du nicht gebrauchen kannst, dann kannst du die Übung wiederholen. Sie wird dir helfen, ruhiger zu werden und dich zu entspannen.

Male mit deinem Finger eine liegende Acht auf die Tischplatte. Gerne darfst du auch einen Stift und ein Papier nehmen, um die liegende Acht gut zu sehen. Setze nicht ab, während du das Malen der liegenden Acht wiederholst und wiederholst und wiederholst. Wenn deine Bewegungen ganz gleichmäßig geworden sind, achtest du beim Malen der Zahl auf deine Atmung.

Übung: Wutgewitter

Audiodatei 3
Mitmachübung zum Anhören: Wutgewitter

Was brauchst du?
Deine Hände

Trommle mit einzelnen Fingern auf den Tisch. Es regnet, leicht, ganz leicht. Trommle schneller, lauter, ganz laut. Ein Platzregen kommt über uns und wir können kaum verstehen, was wir sagen. Hau mit den Handflächen auf den Tisch. Es donnert so laut, wir können nicht einmal mehr unsere Gedanken hören. Das Gewitter hält weiter an, nimmt mehr und mehr zu. Klatsche in die Hände, einmal, zweimal, dreimal. Die Blitze blenden uns, wir können nichts mehr sehen. Donner, Platzregen und Blitze wechseln sich ab. Es ist so laut, es ist so grell, wir können nichts hören, nichts sehen, nichts besprechen. Das Gewitter nimmt all den Platz in unserem Kopf ein. Für nichts anderes ist jetzt Zeit als das Knallen des Donners, das Aufleuchten der Blitze. Und dann wird es ein bisschen besser. Zuerst verschwinden die Blitze. Der Donner knallt, grollt, wird leiser, ist weiter weg. Wir können wieder sehen, bald wieder hören. Der Platzregen bleibt. Trommle mit den Fingern auf den Tisch. Du hörst endlich wieder deine eigenen Gedanken, die ersten Worte. Der Regen wird seichter, verebbt, verschwindet vollkommen. Spüre die Stille. Lausche deinen Gedanken, meinen Worten. Die Anspannung ist vorüber, dein Körper entspannt sich. Du kannst hören, sehen, fühlen. Die ganze Wut des Gewitters ist vorübergezogen. Und wenn du ganz genau hinsiehst, erkennst du einen Regenbogen in der Ferne. Er ist bunt und rein, schwebt am Himmel und bringt Klärung mit sich. Du bist bereit. Das Gewitter ist verebbt und alle Möglichkeiten stehen dir offen. Du bist bereit!

Übung: Gefühle wahrnehmen und mit ihnen umgehen – Das Schauspiel der Gefühle

Es gibt unfassbar viele Gefühle. Und manchmal ist es wirklich gar nicht so leicht, sie zu erkennen. Alle Gefühle – auch die, die sich nicht schön anfühlen – sind wichtig! Wir sollten sie jedoch zuordnen können. Versuche hierfür doch einmal ein Gefühlsspiel, das du mit einem Partner, deinen Eltern oder der ganzen Klasse spielen kannst.

Nimm die Körperhaltung ein, die dir gleich beschrieben wird. Gehe einige Runden in dieser Körperhaltung durch das Zimmer, in dem du dich befindest.

1. Kopf gesenkt, Schultern herabhängend
2. Brust raus, Kopf aufgerichtet
3. Langsam durch den Raum schlurfend
4. Mit den Händen in den Hosentaschen
5. Mit vor der Brust verschränkten Armen
6. Hände in die Seiten gestemmt und aufrecht
7. Aufrecht, schnell und schwingend

Spüre nach, welches Gefühl zu welcher Körperhaltung passt. Wann fühlst du dich gut? Was fühlt sich vollkommen falsch an? Sprich mit deinem Spielpartner / deinen Spielpartnern über deinen Eindruck. Sieht er / sehen sie es genauso wie du?

Drehe den Spieß anschließend um. Nach und nach nennt jeder Mitspieler unterschiedliche Gefühle. Alle Mitspielenden versuchen nun, eine Körperhaltung einzunehmen, die am ehesten wie das entsprechende Gefühl aussieht.

- Geben Sie Ihrem Kind die Möglichkeit, ein paar Gleichgewichtsübungen auszuprobieren, beispielsweise durch ein Balanceboard, bei dem das Kind einen bunten Ball in die Mitte des Boards befördern muss, und das nur mithilfe seines Gleichgewichts.

- Lassen Sie das Kind kreativ arbeiten und sogenannte Wortbilder erstellen. Dabei werden die aufkommenden Gefühle auf ein Blatt geschrieben, jedoch nicht einfach Linie für Linie, sondern das Kind darf aus den Wörtern eine bestimmte Form kreieren. Das kann eine Vase oder ein Blumentopf sein. Der Kreativität sind dabei keinerlei Grenzen gesetzt.

- Wenn Sie mit mehreren Kindern zusammenarbeiten, können Sie mit ihnen gemeinsam ein Spiel durchführen, dass sich „Gefühlsdusche" nennt. Dabei bildet die ganze Gruppe einen Kreis und ein Kind setzt sich mit seinem Stuhl in die Mitte. Nun sagen die restlichen Kinder nur positive Dinge und Eigenschaften über das Kind. Im Anschluss gibt das Kind in der Mitte ein kleines Feedback, wie ihm die Gefühlsdusche gefallen hat.

- Lassen Sie das Kind ein „Stärken-Elfchen" aufschreiben. Dabei soll das Kind zu zwei Fragen eine Antwort finden und diese dann in Form eines Elfchens kreativ aufschreiben. Die Fragen lauten wie folgt:

  - Was liebe ich an mir?
  - Welche Stärken habe ich?

Sie haben nun einige Anregungen erhalten, wie Sie die Selbstwahrnehmung Ihres Kindes stärken können. Dies wird dem Kind sicherlich dabei helfen, seine eigenen Schwächen und Stärken besser wahrzunehmen und auch seinen eigenen Gefühlen leichter auf den Grund zu gehen.

Selbstwirksamkeitserwartung

Selbstwirksamkeit ist die Überzeugung von sich selbst, die gestellten Aufgaben erfolgreich bewältigen zu können und die unterschiedlichsten Herausforderungen zu meistern. Sie beschreibt also die Fähigkeit, in seine eigenen Kompetenzen so viel Vertrauen zu setzen, dass man weiß, wie man seine eigenen Probleme selbstständig löst. Ein Mensch mit einer gesunden Selbstwirksamkeitserwartung kann sich demnach realistische Ziele setzen und von sich heraus so viel Energie aufbringen, dass er diese auch erreichen kann.

Ein Kind mit einer sehr hohen Selbstwirksamkeitserwartung hat eine überaus positive Einstellung, wenn es um die Überwindung von persönlichen Herausforderungen geht. Selbst bei Rückschlägen gibt es nicht auf und sieht die Niederlage einfach als eine weitere Lernerfahrung an. Unabhängig davon, welche Aufgabe man ihm stellt, es hat stets eine optimistische Sichtweise und ist felsenfest davon überzeugt, dass es jede Hürde bis zur Erreichung des Ziels meistern wird. Es weiß, dass es durch viel Übung und Fleiß seine Fähigkeiten erheblich verbessern kann, und gibt daher nicht so schnell auf. Im Gegensatz dazu gibt es aber auch Kinder, die eine niedrige Selbstwirksamkeitserwartung haben. Sie haben sehr oft das Gefühl, keine wirkliche Kontrolle über ihre eigenen Fähigkeiten zu haben, und vermeiden daher jegliche Herausforderungen, aus Angst, sich zu blamieren oder bei der Erfüllung der Aufgabe komplett zu versagen. Wenn etwas nicht nach ihren Vorstellungen verläuft, dann reagieren sie schnell frustriert und wollen die Herausforderung lieber gleich ganz aufgeben. Sie haben eine eher negative Sichtweise auf ihre eigenen Fähigkeiten, weshalb sie auch nicht daran glauben, dass sie sie jemals verbessern können. In der Schule macht sich eine geringe Selbstwirksamkeitserwartung vor allem dadurch bemerkbar, dass die betroffenen Schüler die ihnen gestellten Aufgaben erst gar nicht beginnen. Es ist auch möglich, dass diese Schüler mit sehr viel Angst reagieren und sich nicht sonderlich am Unterrichtsgeschehen beteiligen, aus Furcht, etwas Falsches zu sagen oder einen anderen Fehler zu machen. Dies sind natürlich nicht die besten Voraussetzungen für konzentriertes und effektives Lernen. Wie kann man also solchen Kindern zu einer höheren Selbstwirksamkeitserwartung verhelfen und ihnen somit das Lernen erleichtern? Der nächste Abschnitt wird Ihnen für diese Aufgabe einige hilfreiche Vorschläge geben.

Wie kann man die Selbstwirksamkeit bei Kindern erhöhen?

- Geben Sie Ihrem Kind Aufgaben an die Hand, die nur leicht über seinem eigentlichen Leistungsniveau liegen. Somit werden sie von ihm als Herausforderung angenommen und gleichzeitig wird die Selbstwirksamkeit gestärkt. Vermeiden Sie allerdings zu schwierige Aufgaben, denn diese können Ängste schüren und dazu führen, dass Ihr Kind erst gar nicht mit der Aufgabe anfängt.

- Wählen Sie Aufgaben aus, die sich an der Lebenswelt und den Interessen Ihres Kindes orientieren. Somit ist es motivierter, die Aufgabe auch wirklich anzugehen, und fühlt sich gleichzeitig gesehen und wertgeschätzt.

- Geben Sie stets angemessenes Feedback. Sagen Sie beispielsweise: „Ich wusste, dass du diesen Test bestehst, du hast dich sehr gut vorbereitet und dadurch deine Leistungen erheblich verbessert." Achten Sie bei Misserfolgen stets darauf, den Fokus auf den äußeren Umständen zu lassen und das Kind nicht direkt anzusprechen. Sagen Sie beispielsweise: „Ach, das war wohl einfach nicht dein bester Tag. Beim nächsten Test schneidest du bestimmt wieder besser ab." Somit wird das Kind nicht direkt angesprochen oder im schlimmsten Fall auch noch demotiviert. Achten Sie daher immer bei der Wortwahl darauf, motivierende Worte zu wählen, damit das Kind die Lust am Lernen behält.

Nun haben Sie viel über das Thema Selbstwirksamkeit erfahren und darüber, wie sich sowohl eine niedrige als auch eine hohe Selbstwirksamkeit auf das Kind auswirkt und in seinem Verhalten zeigen kann. Dieses Wissen wird Ihnen helfen, die Selbstwirksamkeit Ihres Kindes angemessen zu stärken, damit es weiterhin an sich selbst und seine Fähigkeiten glauben kann.

Selbststeuerung

Die vierte Instanz, damit konzentriertes Lernen überhaupt erst funktionieren kann, ist die Selbststeuerung, auch bekannt unter dem Begriff Selbstregulation. Darunter ist die Fähigkeit zu verstehen, seine eigenen Gefühle, Verhaltensweisen und Gedanken kontrollieren zu können, um auf die verschiedenen Situationen des Alltags angemessen zu reagieren. Bei Kindern ist die persönliche Fähigkeit zur Selbstregulation noch nicht richtig ausgebildet, weshalb es ihnen schwerfallen kann, ihre negativen Gefühle wie Wut oder Enttäuschung selbst zu regulieren und sich in sozialen Situationen den Erwartungen entsprechend zu verhalten. Damit ihnen dieser Prozess gut gelingt, benötigen sie noch sehr viel Unterstützung von ihren Eltern. Ist Ihnen auch aufgefallen, dass Ihr Kind in der Öffentlichkeit ständig den Blick auf Sie gerichtet hat? Indem es Sie in der Interaktion mit anderen beobachtet, fällt es ihm leichter, Ihre Verhaltensweisen im Gedächtnis abzuspeichern und diese in der passenden Situation selbst anzuwenden. Sie sind also das Vorbild für Ihr Kind, denn es lernt, sich angemessen in Gesellschaft zu verhalten, indem es Ihre sozialen Kompetenzen nachahmt. Für Grundschüler ist die Fähigkeit der Selbstregulation von großer Bedeutung, um sich voll und ganz auf den Lernprozess einlassen zu können. Eine gesunde Selbststeuerung sorgt dafür, dass sich Schüler selbstständig und zielorientiert auf die gestellten Aufgaben einlassen und die Ergebnisse ihrer Leistungen in Form von Selbstreflexion hinterfragen. Außerdem können Schüler, die ihre Gefühle selbst gut in den Griff bekommen, sich besser in Prüfungssituationen konzentrieren, da sie ganz genau wissen, wie sie mit dem aufkommenden Stress und den Ängsten am besten umgehen sollen. Sie haben sich somit im Laufe der Zeit geeignete Bewältigungsstrategien, wie beispielsweise Entspannungsübungen, angeeignet, um in stressigen Situationen die eigenen Emotionen zu regulieren. Hatten Sie nicht auch ein Fach in der Schule, welches Sie überhaupt nicht mochten? Die Fähigkeit der Selbstregulation sorgt dafür, dass Sie sich selbst auch für ungeliebte Tätigkeiten oder schwierige Wissensinhalte motivieren können. Oftmals macht man dies, indem man sich nach einer schwierigen Unterrichtsstunde oder langweiligen Hausaufgaben eine kleine Belohnung verspricht. So gönnt man sich vielleicht einen Schokoriegel oder schaut sich seinen Lieblingsfilm im Fernsehen an. Allein das Wissen, dass nach einer schwierigen Aufgabe eine Belohnung auf einen wartet, kann dafür sorgen, dass man sich auch für negativ behaftete Aufgaben motivieren kann. Doch mit welchen Tricks und Übungen können Sie die Selbstregulation Ihres Kindes während der Hausaufgabenzeit stärken? Im Folgenden finden Sie dazu einige Anregungen:

• Geben Sie zu Beginn der Lerneinheit ein klares Ziel vor. Sobald Ihr Kind weiß, was das Hauptziel der Lerneinheit ist, kann das auf Ihr Kind sehr motivierend wirken und es lässt sich leichter auf den Lernprozess ein. Unterteilen Sie die Ziele am besten in ein Nah- und ein Fernziel. Beispielsweise könnte ein Nahziel sein: „Du recherchierst nun die relevanten Informationen über die Tiere des Waldes." Für dieses Nahziel könnte man gleich das folgende Fernziel formulieren: „Bis zum Ende der Lerneinheit hast du ein Lernposter über dein Lieblingswaldtier erstellt." Nahziele kann man demnach schneller erfüllen als die dazu passenden Fernziele. Sie beziehen sich meistens auf das Endergebnis der Lerneinheit.

• Motivieren Sie das Kind für die Aufgabe, indem Sie passend zum Thema eine relevante Fragestellung an es weitergeben, welche es zum Nachdenken anregt. Ein Beispiel für so eine Frage könnte sein: „Was denkst du, warum ist der Wald so wichtig für die Tiere, die dort leben?" Auf diese Weise kann sich das Kind auf eine sehr lockere Art mit dem Thema auseinandersetzen.

• Lassen Sie das Kind kreativ werden und sich einen eigenen Plan erstellen, wie es sich dem Thema nähern will. So kann es in der Gruppe arbeiten, im Internet recherchieren oder ein Hörbuch zum Thema anhören. Alles, was dem Kind Spaß macht, ist erlaubt. Die Voraussetzung ist jedoch, dass es am Ende der Lerneinheit ein Lernposter erstellt hat.

• Zum Schluss der Lerneinheit darf es seinen Lernprozess reflektieren, indem es seine Arbeitsweise kurz erläutert und sein Ergebnis präsentiert. Dabei kann vor allem auf folgende Fragen eingegangen werden:

o Was finde ich an dem Thema interessant?

o Gibt es etwas, das ich an diesem Thema überhaupt gar nicht mag?

o Welche persönlichen Gefühle verbinde ich mit dem Thema und der Aufgabenstellung?

o Was hätte ich an meinem Lernposter und an meiner Arbeitsweise noch verbessern können?

Diese direkte Auseinandersetzung mit der eigenen Leistung sorgt bei dem Kind dafür, dass es seine eigene Arbeitsweise besser nachvollziehen kann, und es erhält Erkenntnisse darüber, was es beim nächsten Mal vielleicht besser machen könnte.

• Sollte das Kind unter Sprechangst leiden, könnten Sie kurz vor der Präsentation mit ihm Atemübungen oder ein Entspannungsverfahren seiner Wahl durchführen. Auf diese Weise lernt das Kind, mit seinen Angstgefühlen und dem damit verbundenen Stress besser umzugehen. Außerdem wird seine Konzentrationsfähigkeit durch die Entspannung um ein Vielfaches verbessert.

Beziehungsebene und Emotionalität

Die Beziehung zum eigenen Kind sowie zur unterrichtenden Lehrkraft spielt eine wichtige Rolle, wenn es um die richtige Lernatmosphäre geht. Ein harmonisches Miteinander und ein schülerorientiertes Classroom-Management sorgen dafür, dass sich das Kind sicher genug fühlt, um seine eigenen Gedanken klar zu äußern und sich auf den bevorstehenden Lernprozess einzulassen. Damit dies allerdings gelingen kann, sollten Sie berücksichtigen, dass es auch zu plötzlichen Herausforderungen während des Lernens kommen kann. Damit Sie wissen, wie Sie auf diese Challenges richtig reagieren können, erhalten Sie nun wertvolle Tipps und Anregungen, um die Beziehungsebene zu Ihrem Kind zu stärken und somit eine entspannte Lernatmosphäre zu kreieren.

Selbst- und Fremdwahrnehmung

Der Schulalltag kann für viele Schüler sehr stressig werden und ist oftmals mit sehr vielen Ängsten verbunden. Der ständige Druck und die begleitende Angst, das Schuljahr noch einmal wiederholen zu müssen, sind für viele Schüler kaum auszuhalten. Die Folgen daraus sind sich ständig kreisende Gedanken, geballte Panik vor den nächsten Tests oder eine quälende Schlaflosigkeit, die sich so gut wie jede Nacht zeigt. Außerdem gibt es Schüler, die sich für ihre schlechten Noten schämen und sich nicht trauen, diese den Eltern zu offenbaren. Vor lauter Schamgefühl schweigen sie, was sie innerlich nur noch mehr belastet. In seiner eigenen Wahrnehmung fühlt sich der Schüler als Versager, der anscheinend nichts auf die Reihe bekommt. Diese negativen Gedanken führen zu einem Teufelskreis, der nicht selten in starken Konzentrationsproblemen mündet, die im schlimmsten Fall sogar zu einem kompletten Leistungsabfall führen können. Ängste aller Art machen sich in den Gedanken des Kindes breit und sorgen dafür, dass es sich innerlich vor den Schulaufgaben blockiert und gar nicht mehr lernen möchte. Doch was können Sie als Elternteil tun, wenn Sie bemerken, dass sich ein Kind vor lauter Angst nur noch den Aufgaben verweigert und eine sehr schlechte Selbstwahrnehmung hat? Im Folgenden finden Sie einige Anregungen, um dem Schüler seine positiven Seiten zu spiegeln, damit er wieder mehr Freude am Lernen gewinnen kann.

Spiegelübungen zur Förderung der positiven Selbstwahrnehmung:

• Verdeutlichen Sie dem Kind, dass seine schulischen Leistungen nichts mit seiner positiven Persönlichkeit zu tun haben. Führen Sie ihm vor Augen, welche positiven Eigenschaften das Kind besitzt und das es immer wieder auf diese bauen kann, wenn es einmal in schwierige Situationen gerät. Sie können auch gemeinsam ein Poster mit all den positiven Charakterzügen erstellen, die Ihrer Meinung nach das Kind ausmachen. Diese Fremdeinschätzung wird ihm helfen, wieder mehr an sich selbst zu glauben.

• Sagen Sie dem Kind, dass schlechte Noten immer mal wieder vorkommen, aber dass es stets eine neue Chance erhalten wird, um diese zu verbessern.

• Trauen Sie dem Kind ruhig einmal etwas zu. Erklären Sie ihm, dass es mit Ihnen und auch anderen Lehrkräften ins Gespräch kommen und – wenn erforderlich – um Extra-Aufgaben bitten kann, welche dann zusätzlich benotet werden. Diese Aufgaben werden natürlich der ganzen Klasse zur Verfügung gestellt. Das Kind wird das Gefühl bekommen, etwas bewirkt zu haben, weshalb es an Selbstvertrauen gewinnen wird und auf diese Weise auch noch seine Note verbessern kann.

Wie Sie sehen, gibt es verschiedene Wege, um die Selbstwahrnehmung Ihres Kindes adäquat zu stärken und ihm ein positives Selbstbild mit auf den Weg zu geben. Zeigen Sie dem Kind, wie viel es bereits geschafft hat, und verdeutlichen Sie ihm, dass es mit seinen einzigartigen Stärken noch sehr weit kommen wird. Sie werden sehen, dass sich das Kind weitaus leichter dem Lernprozess öffnen kann und viel mehr Spaß beim Erledigen der Schulaufgaben empfindet.

Ausraster und Konflikte

Es gibt leider nur wenige Kinder, denen das Lernen in der Schule Spaß macht und die neuen Wissensinhalten offen gegenüberstehen. Bei vielen ist das Lernen mit sehr viel Frust und Druck verbunden. Dieser Ärger führt nicht selten zu eskalierenden Konflikten und plötzlichen Ausrastern im Klassenzimmer oder auch im heimischen Wohnzimmer während des Hausaufgabenmachens. Diese Eskapaden sorgen bei Lehrkräften und Eltern gleichermaßen für Ohnmachtsgefühle und Hilflosigkeit. In diesem Fall helfen dann meistens nur noch klare Regeln und Strukturen, um den emotionalen Ausbrüchen Einhalt zu gebieten und wieder für eine angemessene Lernatmosphäre zu sorgen. Welche Regeln können Sie also aufstellen, sobald Sie bemerken, dass ein Kind seine negativen Gefühle nicht mehr zügeln kann?

Regeln bei Konflikten und emotionalen Ausrastern

- Nehmen Sie das Kind erst einmal aus der Situation heraus und sorgen Sie dafür, dass es sich von alleine wieder beruhigen kann. Schicken Sie es in Timeout (Auszeit), in der es sich auf eine „stille Treppe" setzen oder kurz in sein Zimmer gehen kann, um sich dort wieder zu beruhigen.

- Zuhause könnten Sie dem Kind auch einen Stressball in die Hand geben, den das Kind benutzen kann, wenn es innerlich unruhig wird. Manchmal hilft auch eine Anti-Wut-Decke, die Sie vorher mit Ihrem Kind bestickt haben. Diese kann sich das Kind immer wieder holen, wenn es sich gerade gestresst fühlt. Geben Sie Ihrem Kind die Möglichkeit, irgendetwas in die Hand zu nehmen, das es beruhigt. Das kann ein besonderer Stift, ein Handwärmer oder auch ein Anti-Stressball sein. Achten Sie dabei jedoch auf einen verantwortungsvollen Umgang, damit daraus nicht eine neue Unruhe entsteht.

- Fragen Sie Ihr Kind, warum es sich gerade so aufgebracht fühlt, und geben Sie ihm die Möglichkeit, kurz einer anderen Tätigkeit nachzugehen, sodass es sich wieder beruhigen kann. So kann es beispielsweise für fünf Minuten an einem Bild weitermalen oder zu einem Lied tanzen, damit es die negativen Gefühle einfach abschütteln kann.

SELBSTDISZIPLIN UND SELBSTREGULIERTES LERNEN FÖRDERN

Was bedeutet eigentlich Selbstdisziplin? Es ist die persönliche Kompetenz, ein einmal festgelegtes Ziel auch wirklich mit allen zur Verfügung stehenden Mitteln zu erreichen. Dabei lässt man sich auch nicht von äußeren Einflüssen von diesem Ziel abbringen. Man arbeitet frei nach dem Motto: „Ich gebe niemals auf! Komme, was wolle!" Kinder, die über eine hohe Selbstdisziplin verfügen, arbeiten sehr zielorientiert und können sich selbstständig gut motivieren, um ihr gesetztes Ziel zu erreichen. Sie haben sich einige Strategien angeeignet, um sich selbst nach jedem kleinen Erfolg zu belohnen und ihr Verhalten so auszurichten, dass sie ihr persönliches Ziel niemals aus den Augen verlieren. So loben sie sich von selbst, wenn sie etwas sehr gut gemacht haben, oder gönnen sich etwas, wenn sie ihren Tagessoll erfüllt haben. Ihre eiserne Disziplin sorgt dafür, dass sie sich immer wieder auf den anvisierten Plan fokussieren können und diesen Schritt für Schritt bewältigen. Dies führt bei ihnen zu positiven Gefühlen, Erfolg und Zufriedenheit. Jedoch sollte man gut aufpassen und Grenzen setzen, wenn es einmal doch zu viel wird. Denn bei dauerhafter Belastung besteht die Gefahr, dass das Kind sich nicht mehr ausreichend erholt. Seine anderen Bedürfnisse, wie Freunde treffen oder einem Hobby nachgehen, werden vernachlässigt. Dies kann auf längere Sicht zu häufigeren Erschöpfungszuständen führen. Aus diesem Grund ist immer auf einen Ausgleich von Lernen und Regeneration zu achten. Im Gegensatz dazu gibt es auch viele Schüler, die sich kaum Ziele während ihrer Schullaufbahn setzen und das Lernen sehr locker nehmen. Wie können Sie solche Schüler zu mehr Selbstdisziplin anhalten? Hier haben wir folgende Anregungen für Sie:

• Lassen Sie Ihr Kind ein selbst gestaltetes Lerntagebuch kreieren. In dieses Buch schreibt es alle erreichten Erfolge und Ziele auf, die es über das gesamte Schuljahr verzeichnen konnte. Dabei kann Ihr Kind die folgenden Reflexionsfragen nutzen:

o Welche Lernmethoden habe ich zur Vorbereitung des Tests verwendet und wie hilfreich waren sie?

o Welche Lernmethoden würden mir bei der Vorbereitung für den nächsten Test vielleicht besser helfen?

o Wie gut habe ich die Lerninhalte dieses Themas verstanden?

o Was fällt mir besonders leicht bei dem Thema?

o Was fällt mir besonders schwer bei dem Thema?

o Wie kann ich mir die komplizierten Themen besser einprägen?

o Wer könnte mir bei dem Thema vielleicht helfen?

Diese Reflexionsfragen helfen Ihrem Kind, seinen Lernprozess noch besser zu strukturieren und begangene Fehler zu identifizieren und auszubessern. Wenn das Kind regelmäßig das Lerntagebuch benutzt, kann es innerhalb kürzester Zeit mehr über sich selbst und seinen Lernprozess verstehen, wodurch es ihm leichter fallen wird, längerfristige und stichfestere Lernziele für das Schuljahr zu formulieren.

- Geben Sie Ihrem Kind nach jedem Test oder jeder erbrachten Leistung einen kurzen Selbsteinschätzungsbogen, damit es das Ergebnis für sich selbstständig reflektieren kann. So ein Bogen könnte folgendermaßen aussehen:

o Welche Aufgaben waren für mich besonders leicht bei dem Test?

o Welche Aufgaben waren besonders schwierig und warum?

o Auf welches Thema habe ich mich besonders gut vorbereitet?

o Für welches Thema habe ich gar nicht gelernt?

o Was könnte ich bei der Vorbereitung des Tests das nächste Mal anders machen, damit ich mich besser vorbereitet fühle?

Die aktive Auseinandersetzung mit den Fragen ermöglicht es dem Kind, sein Lernverhalten besser abzuschätzen und daraus Rückschlüsse zu ziehen, was es beim nächsten Mal besser machen könnte. Somit wird es sich für den darauffolgenden Test viel effektiver vorbereiten und seine Lernmethoden entsprechend seiner Erkenntnisse anpassen.

Lernverträge

Lernverträge sind eine hervorragende Möglichkeit, um mit dem Kind verbindliche Absprachen über die täglichen Lernzeiten zu treffen. Sie geben dem Kind Struktur vor und es weiß somit ganz genau, was von ihm erwartet wird. Dies bietet ihm ein gewisses Maß an Sicherheit und sorgt für einen überschaubaren Lernalltag. Setzen Sie sich am besten einmal die Woche mit Ihrem Kind zusammen und gestalten Sie gemeinsam einen verbindlichen Lernvertrag für die darauffolgende Woche. Besprechen Sie vorher mit dem Kind, in welchen Fächern demnächst wichtige Tests anstehen, auf die es sich unbedingt vorbereiten muss. Geben Sie dem Kind außerdem den Raum, über Schulfächer und Lerninhalte zu sprechen, mit denen es momentan große Probleme hat. Vermerken Sie sich diese mit einer ganz besonderen Farbe (beispielsweise rot), um die Dringlichkeit in diesem Fach noch einmal zu unterstreichen. Nun schauen sie sich gemeinsam den Zeitplan für die gesamte Woche an. Wann gibt es freie Zeiteinheiten, die Sie für die Lernzeit nutzen können? Nachdem Sie alle relevanten Informationen zusammengetragen haben, könnte der Lernvertrag folgendermaßen aussehen:

Ich, Lena-Marie, verspreche meinen Eltern Inga und Clemens in der Woche vom 29.01.2024 bis zum 04.02.2024 vor allem für die Fächer Deutsch und Englisch zu lernen, weil ich in diesen Fächern am 07.02.2024 einen wichtigen Test schreibe. Ich brauche für beide Schulfächer eine gute Note. Meine Wunschnote für beide Fächer ist die Note 2. Damit ich dieses Vorhaben auch erreichen kann, habe ich mit meinen Eltern die folgenden Lernzeiten vereinbart:

- **Montag (29.01.2024)**

o Deutsch: die Zeitform Präsens lernen

➢ Lernzeit: 14 Uhr bis 14.45 Uhr

o Englisch: unregelmäßige Verben lernen

➢ Lernzeit: 15.15 Uhr bis 16 Uhr

o Abfrage von Mama: 16 Uhr bis 16.30 Uhr

- **Dienstag (30.01.2024)**

o Deutsch: die Zeitform Perfekt lernen

➢ Lernzeit: 15 Uhr bis 15.45 Uhr

o Englisch: regelmäßige Verben lernen

➢ Lernzeit: 17 Uhr bis 17.45 Uhr

o Abfrage von Papa: 18 Uhr bis 18.30 Uhr

- **Mittwoch (31.01.2024)**

o Deutsch: die Zeitform Präteritum lernen

➢ Lernzeit: 14 Uhr bis 14.45 Uhr

o Englisch: unregelmäßige Verben lernen

➢ Lernzeit: 15.15 Uhr bis 16 Uhr

o Abfrage Mama: 16 Uhr bis 16.30 Uhr

- **Donnerstag (01.02.2024)**

o Deutsch: Plusquamperfekt lernen

➢ Lernzeit: 15 Uhr bis 15.45 Uhr

o Englisch: regelmäßige Verben lernen

➢ Lernzeit: 17.15 Uhr bis 18 Uhr

o Abfrage von Papa: 18 Uhr bis 18.30 Uhr

- **Freitag (02.02.2024)**

o Deutsch: Präsens lernen

➢ Lernzeit: 13 Uhr bis 13.45 Uhr

o Englisch: regelmäßige Verben lernen

➢ Lernzeit: 14.15 Uhr bis 15 Uhr

o Abfrage von Mama oder Papa: 15 Uhr bis 15.30 Uhr

- **Samstag (03.02.2024)**

o Deutsch: Präteritum lernen

➢ Lernzeit: 10 Uhr bis 10.45 Uhr

o Englisch: unregelmäßige Verben lernen

➢ Lernzeit: 11.15 Uhr bis 12 Uhr

o Deutsch: Perfekt lernen

➢ Lernzeit: 13 Uhr bis 13.45 Uhr

o Englisch: regelmäßige Verben lernen

➢ Lernzeit: 14 Uhr bis 14.45 Uhr

o Deutsch: Plusquamperfekt lernen

➢ Lernzeit: 15.15 Uhr bis 16 Uhr

o Abfrage von Mama: 16 Uhr bis 16.30 Uhr

- **Sonntag**

o Freizeit

Ich, Lena-Marie, verspreche, mich an die festgelegten Lernzeiten zu halten. Für jeden erfolgreichen Lerntag mache ich ein Häkchen in mein Heft und bekomme einen Stempel von meinen Eltern. Sollte ich mich an einem Tag nicht an den Lernvertrag halten, bekomme ich keinen Stempel. Wenn ich insgesamt drei Stempel erhalten habe, dann darf ich mir eine Tafel Schokolade im Supermarkt aussuchen. Habe ich sogar alle sechs Stempel bekommen, dann darf ich den Film für unseren Familienabend aussuchen. Bei zwei erfolgreichen Tests mit der Note 2 oder besser fährt mich meine Mama für eine Stunde zum Reiten. Dieser Lernvertrag ist ab heute gültig.

Sobald alle Familienmitglieder den Vertrag gelesen und ihr Einverständnis gegeben haben, wird er für alle gut sichtbar an eine Pinnwand oder die Kühlschranktür gehangen. Nun dürfen sich alle Mitglieder nach dem Lernvertrag richten und ihre Verpflichtungen erfüllen.

Der Einsatz eines Lernvertrags ist optimal dafür geeignet, um dem Kind seine Erfolge zu verdeutlichen und es zum Lernen zu motivieren. Durch die gute Sichtbarkeit und die festgelegten Belohnungen wird das Kind stets daran erinnert, seinen Aufgaben nachzugehen, und ist bestrebt, danach die Vereinbarungen auch wirklich einzuhalten. Probieren Sie es doch einfach mal aus. Sie werden sehen, dass Ihr Kind innerhalb kürzester Zeit seine Lernmotivation um ein Vielfaches verbessert hat und sich mehr in der Schule anstrengt.

Positive Sprache

„Jetzt stell dich doch nicht so dumm an!" oder „Muss ich dir das noch einmal erklären?" – stellen Sie sich einmal vor, jemand würde so mit Ihnen reden. Würden Sie diese Sätze zum Lernen motivieren? Die Sprache und die verwendeten Wörter, die wir jeden Tag unseren Mitmenschen gegenüber verwenden, haben eine enorme Auswirkung auf deren Selbstbild und ihr Selbstwertgefühl. Dabei hat jedes negative Wort, welches wir einem anderen sinnbildlich gegen den Kopf werfen, manchmal sogar weitreichende Konsequenzen. Ein Mensch, der ständig zu hören bekommt, dass er zu nichts taugt, wird sich früher oder später aufgeben und die Lust am Lernen wahrscheinlich vollkommen verlieren. Um dieses Worst-Case-Szenario zu vermeiden, widmen wir uns in diesem Kapitel der Verwendung der positiven Sprache im lernbezogenen Kontext. Durch welche Wortwahl kann man ein Kind zu Höchstleistungen bringen und das Beste aus ihm herausholen?

Hier sind einige Beispiele, wie Eltern mit ihren Kindern sprechen können, um sie zu ermutigen und zu motivieren:

1. Positive Verstärkung: Anstatt sich auf Fehler oder Unfähigkeiten zu konzentrieren, sollten Eltern die positiven Bemühungen und Fortschritte ihres Kindes loben.

Zum Beispiel:
„Du hast dich wirklich angestrengt, um die Aufgabe zu lösen. Das ist großartig!"

Gegenbeispiel:
„Du machst immer Fehler. Wieso verstehst du das nicht?"

2. Ermunternde Aussagen: Sie können ermutigende Aussagen verwenden, um das Selbstvertrauen Ihres Kindes zu stärken und es dazu zu ermutigen, weiterhin sein Bestes zu geben.

Zum Beispiel:
„Du kannst das schaffen, wenn du dich konzentrierst. Versuche es einfach noch einmal!"
Gegenbeispiel:
„Das ist zu schwer für dich. Gib einfach auf."

3. Festlegen von erreichbaren Zielen: Eltern können ihren Kindern helfen, sich Ziele zu setzen, die realistisch und erreichbar sind. Sie können ihr Kind ermutigen, kleine Schritte zu machen und sich auf den Fortschritt zu konzentrieren.

Zum Beispiel:
„Lass uns diese Matheaufgabe gemeinsam angehen. Wir können sie Stück für Stück lösen."
Gegenbeispiel:
„Du musst diese Aufgabe jetzt sofort alleine erledigen. Du musst das schaffen"

4. Positive Verstärkung von Bemühungen: Anstatt sich ausschließlich auf das Endergebnis zu konzentrieren, können Sie die Bemühungen Ihres Kindes loben, unabhängig vom Ergebnis.

Zum Beispiel:
„Ich bin stolz darauf, wie hart du an diesem Kunstprojekt gearbeitet hast."
Gegenbeispiel:
„Das Kunstprojekt ist nicht perfekt. Du hättest es besser machen können."

Durch die Verwendung positiver Sprache können Eltern eine unterstützende Umgebung schaffen, in der ihre Kinder motiviert bleiben und sich auf ihre Ziele konzentrieren können. Es ist wichtig, dass Sie geduldig sind und Ihrem Kind Zeit und Raum geben, um zu lernen und zu wachsen, während es sich mit neuen Herausforderungen auseinandersetzt.

Lob und Kritik angemessen kommunizieren

Viele von uns lieben die Anerkennung von außen und wenn sie für ihre Arbeit auch die entsprechende positive Reaktion erhalten. Wie oft wurden Sie bereits in Ihrem Leben gelobt und war dieses Kompliment immer angemessen formuliert? In der Arbeit mit Kindern tendiert man manchmal dazu, Aussagen zu wählen, die nicht unbedingt altersgerecht sind. Auch zu viel Lob kann das Kind auf Dauer überfordern und wirkt nicht mehr authentisch. Die Kunst des richtigen Lobens liegt also darin, die perfekte Balance zwischen der richtigen Wortwahl und der optimalen Anzahl zu finden. Achtet man darauf, dann ist die Wahrscheinlichkeit höher, dass die Anerkennung auch wirklich bei dem Kind ankommt und seine volle Wirkung entfalten kann. Ist ein Lob angemessen formuliert, kann ein Kind gestärkt und positiv gestimmt aus der Lerneinheit hinausgehen. Doch worauf sollten Sie beim Loben achten, damit es das Kind als Wertschätzung annehmen kann? Im Folgenden finden Sie einige Vorschläge, wie Sie ein Lob für das Kind angemessen formulieren können.

1. Seien Sie dem Kind gegenüber ehrlich mit dem, was Sie zu ihm sagen! Kinder spüren ganz intuitiv, ob ein Satz vertrauenswürdig ist oder eben nicht. Bleiben Sie daher authentisch und loben Sie das Kind nicht für jede Selbstverständlichkeit. Fokussieren Sie sich wirklich auf große Erfolge, die das Kind erreicht hat. Hat Ihr Kind beispielsweise zum ersten Mal in einem Fach, in dem es bisher immer eine Fünf geschrieben hat, eine Eins geschrieben, dann drücken Sie ihm seine Anerkennung aus und ermuntern Sie es, die guten Leistungen beizubehalten.

2. Präzisieren Sie Ihr Lob! Vermeiden Sie allgemeine Floskeln wie „Super!" oder „Bravo!". Gehen Sie lieber spezifisch auf die erbrachte Leistung ein. So können Sie zum Beispiel sagen: „Ich finde deine Ausarbeitung zu dem Thema bewundernswert. Du hast wirklich umfassende Informationen gefunden und somit sehr gute Arbeit geleistet."

3. Loben Sie die Anstrengung und keine Eigenschaften! Denn an Persönlichkeitsmerkmalen oder äußeren Besonderheiten lässt sich nicht mehr so viel verändern. Wenden Sie daher den Fokus auf die Anstrengung und sagen Sie zum Beispiel: „Ich finde es sehr gut, dass du dich mit dem Thema so ausführlich auseinandergesetzt hast. Auch an der Gestaltung deiner Präsentation kann man erkennen, dass dir das Thema am Herzen lag." Somit weiß Ihr Kind viel besser, welche Arbeitsweisen es beibehalten kann, um weiterhin gute Leistungen zu vollbringen.

Durch den Fokus auf einen positiven Beziehungsaufbau, Empathie und Wertschätzung werden Sie bemerken, wie sich das Lernverhalten und die Lernmotivation Ihres Kindes innerhalb kürzester Zeit drastisch verbessern werden.

Die Umgebung macht's: Lernsetting für mehr Konzentration und Erfolg

Lernen soll natürlich Spaß machen und das Kind in seiner persönlichen Entwicklung auf das nächste Level heben. Aus diesem Grund hat man als Lernbegleiter immer darauf zu achten, dem Kind eine angenehme Lernatmosphäre anzubieten. Sobald sich ein Kind in seiner Umgebung wirklich wohl fühlt, wird es die neuen Lerninhalte auch viel besser aufnehmen können. Doch wie schaffen Sie die optimale Lernatmosphäre für Ihr Kind? Achten Sie darauf, dass die Lichtverhältnisse angemessen sind. Der Raum sollte also nicht zu hell, aber auch nicht zu dunkel sein. Am Tage können Sie sich einen Raum suchen, der durch das Tageslicht hell genug ist, damit das Kind seine Lernunterlagen gut einsehen kann. Sollte es bereits dunkel sein, können Sie Schreibtischlampen einsetzen, damit der Arbeitsplatz des Kindes gut beleuchtet wird. Wenn Sie und das Kind es für angemessen halten, können Sie in der Nähe des Schreibtisches des Kindes auch Duftstäbchen mit dem Lieblingsaroma des Kindes aufstellen. Gerade Duftaromen wie Lavendel oder Orange sorgen dafür, dass das Kind sich beruhigen kann und seine Konzentration durch den angenehmen Duft stark verbessert wird. Wählen Sie außerdem einen Raum aus, der mit hellen Farben ausgestattet ist. Dies sorgt bei dem Kind auch gleich für bessere Laune und kann eine positive Auswirkung auf die Lernmotivation haben. Achten Sie darauf, dass der Stuhl und der Schreibtisch von der Höhe her gut aufeinander abgestimmt sind, damit das Kind gerade am Tisch sitzen kann. Somit haben Sie die bestmöglichen Voraussetzungen geschaffen, damit sich das Kind leichter auf den Lernprozess einlassen kann und die Atmosphäre zu einem höheren Lernerfolg beiträgt. Sobald die äußeren Rahmenbedingungen stimmen, können Sie sich nun darauf fokussieren, wie Sie die Lerneinheit gestalten wollen, damit Sie ein voller Erfolg für Sie und das Kind wird. Im nächsten Abschnitt finden Sie einige Anregungen, wie Sie eine Lernstunde so strukturieren können, dass sich das Kind nicht überfordert fühlt und auch Spaß während des Lernens empfindet.

Mit kurzen Lerneinheiten zum Erfolg

Gleich zwei Stunden am Stück Englisch oder Mathe pauken? Da wird es sicherlich viele Kinder geben, die von vornherein die Lerneinheit boykottieren werden. Damit es gar nicht erst so weit kommt und die Stunden nicht zu lang für das Kind werden, bietet es sich an, die aktive Übungszeit in mehrere kurze Lerneinheiten zu unterteilen. Wollen Sie sich beispielsweise zwei Stunden Zeit nehmen, um das Kind tatkräftig beim Lernen zu unterstützen, können Sie die Lerneinheiten z. B. nach der Pomodoro-Technik einteilen. Sie wird für perfektes Zeitmanagement empfohlen und geht auf den Begründer Francesco Cirillo zurück. Diese Technik gibt Ihnen ein Tool an die Hand, mit dem Sie die Lernzeiten des Kindes optimal strukturieren können. Dabei wird die Zeit so aufgeteilt, dass das Kind 25 Minuten konzentriert am Lernstoff arbeitet und anschließend 5 Minuten Pause hat. Diesen Zyklus führen Sie dann mit dem Kind durch, bis zwei Stunden vorüber sind. Natürlich können Sie die Zeiten entsprechend dem Entwicklungsstand des Kindes anpassen. So können Sie für die Lernzeit insgesamt auch 15 Minuten und danach 5 bis 10 Minuten Pause einplanen. Damit das Kind weiß, wann ein Zeitintervall beendet ist, stellen Sie einen Timer, der immer dann läutet, sobald die Lernzeit beendet ist. Somit haben Sie den Lernzyklus optimal strukturiert.

Bewegung einbauen und erlauben

Bevor Sie mit dem Lernen starten, geben Sie Ihrem Kind erst einmal die Möglichkeit, sich richtig auszutoben und in Bewegung zu kommen. Lassen Sie es einfach ein paar Runden laufen oder ausgelassen zu einem Lieblingslied tanzen. Wenn es seine überschüssige Energie abgeschüttelt hat, kann es sich an den Schreibtisch setzen und mit den Aufgaben beginnen. Sollten Sie die Pomodoro-Technik benutzen, können Sie zwischendurch auch die kurzen Pausen verwenden, damit sich das Kind einmal ausgiebig strecken kann. Somit werden Sie auch dem Bewegungsdrang des Kindes gerecht und seine Konzentrationsleistung kann sich durch die Bewegung um ein Vielfaches verbessern.

Stille ist gefährlich

Vor allem ADHS-Betroffene mögen es nicht, wenn zu viel Stille im Raum herrscht. Das macht sie ein wenig nervös und sie tendieren dann eher dazu, selbst irgendwelche Laute zu produzieren, um die unangenehme Stille zu durchbrechen. Lassen Sie daher ganz leise im Hintergrund sanfte Entspannungsmusik abspielen oder geben Sie dem Kind Kopfhörer, die es sich aufsetzen und darüber seine Lieblingsmusik in einer angemessenen Tonlage hören kann. Somit wird der Fokus von äußeren Ablenkungen gezogen und das Kind wird besser dazu in der Lage sein, sich länger auf die Aufgaben zu fokussieren und konzentriert an ihnen zu arbeiten.

Planung und Struktur: Stichwort Routine

Rituale, Routinen sowie wiederkehrende Handlungsmuster geben sowohl Kindern Sicherheit in ihrem Alltag. Sie bieten ihnen Stabilität und sorgen für Geborgenheit. Diese Faktoren sind für die Ausbildung der Wahrnehmung sowie der Persönlichkeit unweigerliche Bestandteile. Feste Rhythmen können dazu beitragen, dass Ihr Kind lernt, Regelmäßigkeit zu durchleben. Auf diese Weise wird es auf Regeln im späteren Lebensverlauf vorbereitet.

Darum sind Rituale, Routinen und Beständigkeit wichtig für den Alltag mit Kind

-Sie geben Halt und Orientierung.

-Sie schaffen Zusammenhalt und fördern die Selbstständigkeit des Kindes.

-Sie stärken die Verbindung zwischen den Familienmitgliedern und fördern die Konzentration des Kindes.

-Sie schaffen Ordnung und entlasten familiäre Abläufe.

-Ritualisierte Handlungen stärken Kinder für das Überstehen von Krisen und reduzieren Ängste und Unsicherheiten.

Beispiel für Routinen im Lernalltag:
Bevor Sie mit den Lerneinheiten starten, besprechen Sie mit dem Kind am besten schon eine Woche vorher, wie Sie den Lernplan für die ganze Woche strukturieren können. Erarbeiten Sie sich mit dem Kind – wie oben bereits beschrieben – einen genauen Zeitplan, wann für welches Fach gelernt werden soll. Benutzen Sie außerdem verschiedene Farben und gestalten Sie die Lernübersicht möglichst bunt und anschaulich, damit es dem Kind auch Spaß macht, darauf zu schauen. Bauen Sie in die Lernübersicht außerdem noch kleine Kästchen ein, damit das Kind selbstständig nach jeder absolvierten Aufgabe einen Haken setzen kann. Auf diese Weise behält das Kind den Plan im Auge und weiß genau, was von ihm verlangt wird. Dies bietet ihm eine gewisse Sicherheit und sorgt dafür, dass das Kind seinen Alltag strukturiert planen kann.

Bildschirmzeit vor dem Lernen ist tabu

Viele Menschen verbringen gern Zeit am Tablet oder vor dem Handy. Jedoch kann eine zu exzessive Nutzung dafür sorgen, dass wir uns auf längere Zeit nicht mehr richtig fokussieren können. Vor allem das blaue Licht, welches von den elektronischen Geräten abgegeben wird, kann dafür sorgen, dass wir nicht vollständig zur Ruhe kommen und uns längerfristig nicht mehr richtig konzentrieren können. Wenn sich Kinder am Handy dazu noch sehr aufwühlende und emotionale Videos ansehen, kann es sein, dass sie mit ihren Gedanken noch lange bei den gesehenen Bildern bleiben, was zusätzlich die Konzentrationsleistung beeinträchtigen kann. Deswegen sollten Sie darauf achten, dass das Kind vor der Lerneinheit möglichst keine Zeit vor dem Bildschirm verbringt. Im Allgemeinen sollte ein Kind im Alter von 11 bis 13 Jahren insgesamt nur 90 Minuten täglich vor einem Bildschirm sitzen. Diese Zeitempfehlung geht aus der britischen Studie der Fachzeitschrift „Pediatrics" hervor. Nutzen Sie das Smartphone nach der Lerneinheit also eher als eine Belohnung für seine harte Arbeit, ansonsten könnte die Lernleistung des Kindes sehr stark beeinträchtigt werden.

Nachdem wir uns nun eingehend damit beschäftigt haben, wie Sie die perfekte Lerneinheit aufbauen können, wird deutlich, wie Sie einen optimalen Lernprozess erzielen können. Wenn Sie Lernstunden zeitlich strukturieren und Lernpausen optimal für Bewegungseinheiten nutzen, wird Ihr Kind die Lerninhalte viel besser in seinem Gedächtnis abspeichern können.

Die Konzentrationstrickkiste

Lassen Sie uns nun verschiedene Übungen betrachten, um die Konzentrationsfähigkeit Ihres Kindes optimal zu fördern. Sie werden erfahren, mit welchen Trainingseinheiten Ihr Kind am besten lernt, den eigenen Geist zu beruhigen und sich selbst nach stressigen Schultagen noch einmal auf die Hausaufgaben zu fokussieren. Dank der vorgestellten Übungen kann Ihr Kind besser lernen, sich nicht mehr so leicht von äußeren Reizen ablenken zu lassen und seine eigenen Aufgaben strukturiert zu bearbeiten. Das Kind wird mithilfe von Visualisierungsübungen lernen, die eigenen Ziele besser zu ordnen und die nötige Motivation aufzubringen, um diese auch tatsächlich erreichen zu können. Mithilfe der Entspannungsmethoden bekommt Ihr Kind ein hilfreiches Tool an die Hand, um in den eigenen Alltag mehr Ruhe einkehren zu lassen, damit es dem Lernen auch wieder mit mehr Gelassenheit gegenübertreten kann.

Vagus-Übungen für mehr Selbstvertrauen

Hat Ihr Kind Angst davor, auch einmal einen Fehler zu machen? Hört es gleich mit einer Aufgabe auf, wenn etwas nicht nach seinen Vorstellungen klappt? Dann könnte mit hoher Wahrscheinlichkeit eine Dysbalance des Nervensystems dahinterstecken. Doch wie können Sie dieses Ungleichgewicht wieder in Einklang bringen, damit sich Ihr Kind wieder besser auf die Aufgaben einlassen kann? Eine Möglichkeit wären die spielerischen Vagusnerv-Übungen. Der Vagusnerv ist ein Hirnnerv, der viele Organe des menschlichen Körpers beeinflusst, da er weitläufig im Körper seine Bahnen zieht. Er sendet die Qualität der Funktionsweisen unserer inneren Organe an das Gehirn weiter. Die Übungen für den Vagusnerv können das Nervensystem Ihres Kindes wieder optimal beruhigen, wodurch es sich wieder besser auf die ihm gestellten Aufgaben konzentrieren kann. Außerdem steigern diese Übungen nicht nur das Selbstbewusstsein, sondern auch die Frustrationstoleranz Ihres Kindes. Probieren Sie doch einmal die folgenden Übungen mit Ihrem Kind aus:

1. Stimulieren Sie gemeinsam mit dem Kind den Vagusnerv durch die richtige Atemübung! Geben Sie dafür Ihrem Kind die Anweisung, dass es seine Handflächen ganz leicht auf den Bereich des Magens legen soll. Nun darf das Kind tief ein- und wieder ausatmen. Dabei kann es ganz bewusst wahrnehmen, wie sich die Bauchdecke leicht hebt und wieder senkt. Anschließend darf das Kind mit ein wenig Druck auf seinem Bauch kreisen, damit eine leichte Wärme entsteht. Lassen Sie das Kind diese Übung ruhig für eine Minute durchführen und dabei bewusst ein- und ausatmen. Diese Übung beruhigt

das Nervensystem und sorgt dafür, dass Stressgedanken langsam zur Ruhe kommen können.

2. Leiten Sie das Kind zu einer Halsmassage an! Der Vagusnerv läuft unter anderem in der Nähe der Halsschlagader entlang. Aus diesem Grund kann Ihr Kind diesen durch leichtes Streicheln und Massieren des Halses aktivieren. Geben Sie Ihrem Kind den Hinweis, nur ganz leicht mit den Fingerspitzen über den Hals zu streichen. Es sollte nicht zu viel Druck ausgeübt werden. Mit der Zeit kann das Kind vom Streicheln zu einer punktuellen Massage übergehen, um die Muskeln der Halsregion effektiv zu entspannen.

3. Trainieren Sie die Stimme Ihres Kindes! Der Vagusnerv verläuft nicht nur am Hals, sondern auch an den Stimmbändern und der Speiseröhre entlang. Von daher kann Ihr Kind auch durch Gurgeln den Nerv aktivieren. Weitere Möglichkeiten wären das Summen oder das lautstarke Mitsingen seines Lieblingsliedes, hierdurch wird nicht nur der Vagusnerv aktiviert, sondern zusätzlich werden noch positive Gefühle hervorgerufen. So werden auch der Spaß und die Lebensfreude bei dem Kind gleich mit aktiviert, negative Gefühle werden im Handumdrehen aufgelöst und das Nervensystem kann sich von den Anspannungen lösen.

Spielerische Entspannungsübungen

Auch Kinder haben von Zeit zu Zeit mit Alltagsstress zu tun und sie haben das Gefühl, dass ihnen scheinbar alles über den Kopf wächst. Dabei sind zu viel Anspannung und Stress pures Gift für die Konzentration Ihres Kindes. Diesem Problem wollen wir Abhilfe schaffen. Die regelmäßige Verwendung von Entspannungsübungen im Alltag kann Ihrem Kind zu einer merklich höheren Leistungsfähigkeit verhelfen und seinen Geist beruhigen. Damit auch Ihr Kind von den positiven Effekten der Entspannung profitieren kann, finden Sie im Folgenden leicht umsetzbare Übungen, die Sie jederzeit in den Alltag integrieren können.

1. Bitten Sie Ihr Kind, seine Augen zu schließen. Nun soll es sich vor seinem inneren Auge eine weiße Leinwand vorstellen. Auf diese „malt" es in Gedanken nun einen angenehmen Tagtraum. Vielleicht sitzt es gerade am Meer in der prallen Sonne oder spaziert einen Waldpfad entlang. Geben Sie dem Kind genügend Zeit, damit es sein inneres Bild fertigstellen kann. Sobald das Bild fertig ist, kann das Kind mit seiner Aufmerksamkeit langsam wieder in den Raum zurückkehren und im Anschluss seinen Tagtraum kunterbunt auf eine echte Leinwand bringen.

2. Das Kind darf nun stark wie ein Baum sein. Geben Sie ihm dafür die Anweisung, mit den Füßen einmal ganz fest auf dem Boden zu stehen. Nun stellt sich das Kind vor, es sei ein starker Baum mit dicken Wurzeln, welcher sich langsam im Wind hin und her bewegt. Mit der Zeit werden die Bewegungen

stärker und wilder, vor allem bei einem aufkommenden Sturm. Das Kind versucht, die Bewegungen so gut es geht zu machen, sollte dabei aber immer mit den Füßen fest und unbeweglich auf dem Boden stehen bleiben. Nach und nach wird der Wind wieder stiller und der Baum kommt wieder zur Ruhe.

3. Sammeln Sie gemeinsam mit dem Kind Steine, Tannenzapfen oder Kastanien. Diese ruhige Tätigkeit wirkt meditativ und sorgt für Stille und Gelassenheit. Im Anschluss an den Spaziergang können Sie die gesammelten Naturmaterialien nutzen, um etwas Schönes daraus zu basteln.

Motorische Koordinations- und Konzentrationsübungen für Kinder

Für den Sportunterricht in der Schule, aber auch in vielen Alltagssituationen ist eine gute Koordination notwendig, um die geforderten Anforderungen zu erfüllen und fit durchs Leben zu gehen. Da sich eine gute körperliche Kondition nicht nur positiv auf die allgemeine körperliche Gesundheit auswirkt, sondern auch für eine verbesserte Konzentrationsfähigkeit sorgt, geben wir Ihnen nun einige Ideen an die Hand, wie Sie die motorische Koordination Ihres Kindes ganz leicht zu Hause oder auch in der Schule fördern können. Schauen Sie sich dafür einmal die folgenden Beispiele an und probieren Sie sie gleich mit dem Kind aus:

1. Geben Sie dem Kind die Anweisung, dass es sich mit der rechten Hand in kreisenden Bewegungen über den Bauch streichen soll. Zeitgleich klopft die linke Hand leicht auf den Kopf. Diese Übung klingt zwar leicht, erfordert aber die volle Aufmerksamkeit.

2. Nun kommen die Finger ins Spiel. Lassen Sie das Kind mit der Spitze seines rechten Daumens jeweils auf die Fingerspitzen der restlichen Finger tippen. Dabei beginnt es mit dem Zeigefinger und geht dann die Reihe bis zum kleinen Finger durch. Anschließend tippt es vom kleinen Finger zurück bis zum Zeigefinger. Dabei startet das Kind erst mit der rechten Hand und wechselt dann zur linken. Diese Konzentrationsübung ist schnell und einfach. Außerdem werden bei dem Vorgang auch noch die motorische Koordination und die Konzentration des Kindes gefördert.

3. Führen Sie mit dem Kind einmal die „Übung der liegenden Acht" durch. Sie ist besonders wirksam, um die Augen-Hand-Koordination des Kindes zu stärken. Geben Sie Ihrem Kind dazu die folgenden Anweisungen:

a. Stelle dich aufrecht hin und zeichne mit der linken Hand eine große Acht in die Luft.

b. Zeichne nun mit der rechten Hand eine Acht in die Luft.

c. Nun benutze beide Arme, um jeweils eine große Acht in die Luft zu malen.

Diesen Prozess kann man ein weiteres Mal wiederholen, nur wird der Schwierigkeitsgrad immer weiter angehoben, indem Sie dem Kind die Anweisung geben, die Achten schneller zu ziehen. Diese Übung ist besonders gut dafür geeignet, damit das Kind lernt, seine Balance besser zu halten. Dies wirkt sich zudem positiv auf die Koordination und den Gleichgewichtssinn aus.

Das Memo-Spiel

Das Memo-Spiel ist ein wahrer Klassiker und eines der beliebtesten Spiele für Kinder. Dabei muss der Spieler, der an der Reihe ist, versuchen, zwei zusammengehörende, verdeckte Paare zu erkennen. Sobald ein Paar gefunden wurde, darf der Spieler erneut versuchen, ein weiteres Paar ausfindig zu machen.

Fördert? Neben viel Spaß und Freude bringt das Memo-Spiel aber auch einen wichtigen Lerneffekt mit sich und schult insbesondere die Wahrnehmung, die Motorik sowie das Gedächtnis von Kindern.

Variante 1: Das Fühl-Memo
benötigte Materialien:

- Pappe oder Tonpapier
- Kleber
- Augenbinde
- Tuch oder Kiste
- verschiedene Materialien zum Kleben, z. B. Luftballons, Watte, Pompons, Wäscheklammern, Muscheln, Federn, Perlen, Legosteine, Pailletten

Anleitung:

1. Zunächst wird die Pappe bzw. das Tonpapier in gleich große Quadrate geschnitten, wobei pro ausgewähltem Motiv immer zwei Quadrate ausgeschnitten werden müssen.

2. Anschließend werden immer zwei Quadrate mit den jeweils gleichen Materialien beklebt.

Spielablauf:

Für das Fühl-Memo wird ein Moderator benötigt, der die einzelnen Karten gut gemischt entweder unter einem Tuch ausbreitet oder diese in einer Kiste verteilt. Dem Kind werden nun die Augen mit einer Augenbinde verbunden. Alternativ kann es die Augen natürlich auch einfach geschlossen halten. Wie beim klassischen Memo-Spiel sucht sich das Kind anschließend die erste

Karte aus, tastet sie ab und befühlt das aufgeklebte Material. Anschließend versucht es, die dazugehörige zweite Karte zu finden.

Wird das Memo-Spiel mit mehreren Kindern gespielt, versucht das erste Kind, ein passendes Paar zu finden. Findet es das passende Paar und holt es aus der Kiste oder unter dem Tuch hervor, darf es sein Glück erneut versuchen. Sollten die Karten aber nicht zusammenpassen, darf sich das nächste Kind auf die Suche nach einem Paar machen.

Variante 2: Das Riech-Memo
benötigte Materialien:

- kleine Behälter
- Augenbinde
- verschiedene Materialien zum Riechen, z. B. Gewürze, Teebeutel, Obstschalen, Kräuter, Wachsmalstifte, Blüten, geruchsintensive Flüssigkeiten

Anleitung:

1. Zu Beginn sollten die Behälter blickdicht verklebt werden, damit man nicht schon von außen erkennen kann, welche Materialien sich darin verbergen.
2. Anschließend werden immer zwei Behälter mit den jeweils gleichen Materialien befüllt und dann verschlossen.

Spielablauf:
Genau wie beim Fühl-Memo ist es auch beim Riech-Memo sinnvoll, die Augen des Kindes zu verschließen, bevor aus allen Behältern einer ausgewählt wird, den es im Anschluss beschnuppert. Wenn das Kind gründlich am ersten Behälter gerochen hat, sucht es unter den verbleibenden nach dem dazugehörigen Geruch. Neben dem Riechen ist es natürlich außerdem erlaubt, die Behälter zu schütteln, da die verschiedenen Füllungen unterschiedliche Geräusche erzeugen.

Die Nussschalenkastagnetten

Das Spiel mit den Nussschalenkastagnetten kann entweder alleine, zu zweit oder in einer Gruppe gespielt werden, wobei jedes Kind mindestens zwei Nussschalen mit Gummifaden aneinander klopft.

Fördert? Grundsätzlich können Kinder durch diese Spielform unterschiedliche Bewegungserfahrungen ihrer einzelnen Finger sammeln und dabei sowohl ihre Finger- und Handmotorik als auch ihre auditive Wahrnehmung, eine angemessene Kraftdosierung sowie ihr Gedächtnis schulen.

benötigte Materialien:

- Nussschalen
- Gummifaden

Spielablauf:

Zu Beginn des Spiels nehmen sich alle spielenden Kinder jeweils zwei Nussschalen zur Hand und streifen diese über den Zeigefinger und den Daumen. Anschließend können die Kinder mit den Nussschalen entweder einfache Rhythmen nachklopfen, Lieder mit den Schalen klappernd begleiten oder sich plappernde Geschichten erzählen. Falls vorhanden, kann es für die Kinder lustig und herausfordernd zugleich sein, mit mehreren Nussschalen auf möglichst vielen Fingern zur selben Zeit zu klappern und dabei mit beiden Händen gleichzeitig zu spielen.

Sollte das Zusammenführen von Zeigefinger und Daumen bei den Kindern, zum Beispiel aufgrund des Alters, noch nicht ganz so gut gelingen, kann jedes Kind natürlich auch erst mit einer Nussschale auf jedem Finger beginnen und damit auf den Boden, einen Stuhl oder den Tisch klopfen.

Wenn die Kinder dann schon ein wenig geübt sind, kann die Übung natürlich auch etwas erschwert werden. Dafür können Sie den Kindern zum Beispiel einige Wortrhythmen vorgeben, die sie anschließend nachsprechen und nachklappern sollen – beispielsweise: Ka – ra – mell oder Pud – ding. Wenn die Kinder die Bewegungen ihrer einzelnen Finger an die vorgegebene rhythmische Struktur anpassen müssen, wird ihnen eine differenzierte Steuerung der Fingerbewegung abverlangt.

Fingerfußball

Fingerfußball ist fast wie richtiges Fußball, wobei hier mit den Fingern anstatt den Füßen und mit Papierbällen anstelle von richtigen Fußbällen gespielt wird.

Fördert? Beim Fingerfußball wird sowohl die Muskulatur der Hände und Finger trainiert als auch die Auge-Hand-Koordination, die visuelle Wahrnehmung, die Koordination sowie die Kraftdosierung geschult, die für eine gute Stiftführung und damit für eine reibungslose Handschrift zentral sind.

benötigte Materialien:

- buntes Papier mit verschiedenen Mustern
- zwei Plastikbecher

Anleitung:

1. Bevor das Papier in kleine Stücke gerissen wird, sollte sich das Kind zunächst sein Lieblingspapier aussuchen dürfen. Je kleiner das Kind dabei ist, umso dünner sollte das Papier sein.

2. Nachdem das Papier in kleine Stücke gerissen wurde, rollt das Kind daraus kleine Kugeln, wobei bei kleineren Papierschnipseln eine feinere Koordination und bei größeren Papierschnipseln etwas mehr Kraft zum Formen benötigt wird.

3. Zuletzt werden zwei Plastikbecher, als Tor, in einem Abstand von etwa 30 cm aufgestellt, in das das Kind nun die selbstgemachten Bälle schnipsen kann.

Ringe werfen

Das Ringewerfen ist ein wahrer Klassiker unter den Geschicklichkeitsspielen, das sich bei Kindern großer Beliebtheit erfreut.

Fördert? Dabei sorgt das Ringewerfen aber nicht nur für jede Menge Spielspaß, sondern fördert gleichzeitig auch die Konzentrationsfähigkeit, die Koordination sowie die motorische Geschicklichkeit der Kinder.

benötigte Materialien:

- mehrere leere Plastikflaschen
- Wasser
- Einmachgummis oder Ringe

Anleitung:

1. Befüllen Sie die Plastikflaschen bis obenhin mit Wasser und stellen Sie sie anschließend entweder in einer Reihe oder als Figur, zum Beispiel als Quadrat oder Kreis, auf.

2. Nun stellen sich die Kinder, entsprechend ihrem Alter und ihrer Treffsicherheit, einen bis zwei Meter hinter der Linie auf und versuchen nun, die Einmachgummis um die Flaschen zu werfen.

Tipp:
Natürlich kann das Ringewerfen auch als kleiner Wettbewerb unter den Kindern ausgetragen werden.

Greifrolle

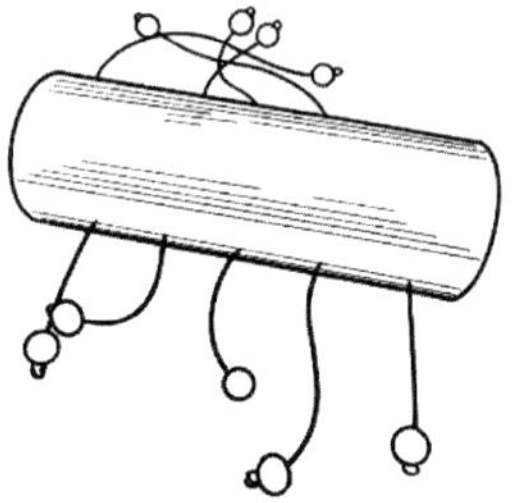

Durch die an der Greifrolle befestigten Perlen, die Kinder greifen und an denen sie ziehen können, fördert die Greifrolle, wie der Name bereits verrät, das gezielte Greifen, die visuomotorischen Fähigkeiten, die Auge-Hand-Koordination und die Hand-Hand-Koordination. Zusätzlich können mit der Greifrolle eine angemessene Kraftdosierung, die Fingerbeweglichkeit, die haptische Wahrnehmung sowie die Beweglichkeit im Schulter-, Ellbogen- und Handgelenk trainiert werden.

Material:

- eine leere Dose, z. B. eine Chipsdose
- Band oder Schnüre
- Folie oder Pappe zum Bekleben
- farbige Holzperlen, die ein Loch in der Mitte haben
- Schere
- eine dicke Nadel

Bastelanleitung:

1. Zunächst wird die leere Dose mit Folie oder Pappe beklebt. Hierfür eignen sich zum Beispiel verschiedene Texturen, wie Wellpappe.
2. Anschließend werden in die beklebte Dose Löcher gebohrt, wobei immer jeweils zwei Löcher gegenüberliegen müssen.
3. Nun werden immer durch zwei gegenüberliegende Löcher Bänder oder Schnüre durchgefädelt, die an beiden Seiten etwa 10 bis 15 Zentimeter herausschauen sollten.
4. An die Enden der Bänder bzw. der Schnüre werden dann auf jeder Seite Holzperlen aufgefädelt.
5. Abschließend wird der Deckel auf die Dose geklebt.

ⓘ

Tipp:
Zusätzlich könnte die Greifrolle mit weiterem Material, zum Beispiel Sand, Mehl, Reis, Knöpfen oder Steinen, befüllt werden, um weiterhin die auditive Wahrnehmung von Kindern zu schulen.

Fühlbrett

Fühlbretter mögen auf den ersten Blick zwar simple Spielzeuge sein, lassen sich jedoch beliebig gestalten und erweitern und sind damit ein wundervolles Tool, um in erster Linie die taktile Wahrnehmung sowie das Tasten von Kindern zu schulen. Erkunden Kinder das Fühlbrett mit ihren Händen, werden sie ganz schnell bemerken, welche Dinge und Oberflächen sich für sie gut anfühlen und welche vielleicht kratzen. Dabei nehmen sie die verschiedenen Reize über ihre Hände wahr, erfahren verschiedene Tastqualitäten und erkunden, indem sie über die Objekte zum Beispiel mit ihrer Hand oder den Fingerspitzen streichen und ihren Fingerdruck dabei dosieren, basale Taststrategien.

Material:

- ein dünnes Holzbrett in der entsprechenden Größe
- unterschiedliche Dinge zum Fühlen, z. B. Wellpappe, Schwämme, Watte, Bürsten, Knöpfe, Tannenzapfen, Kieselsteine, Hupen, Klingel, Glocken
- Holzkleber

Bastelanleitung:

1. Für das Fühlbrett müssen einfach nur sämtliche ausgesuchte Fühlobjekte beliebig auf das Holzbrett geklebt werden.

ⓘ

Tipp:
Achten Sie beim Kleben darauf, dass Sie Dinge, die sich ähnlich anfühlen, nicht unmittelbar nebeneinander kleben.

Klingelbrett

Das Klingelbrett eignet sich nicht nur für ältere Kinder, sondern vor allem auch für Kleinkinder hervorragend, da es ganz einfach in Reichweite des Kindes, das zum Beispiel in Bauchlage vor dem Klingelbrett liegt, positioniert werden kann. Bereits durch leichte Berührungen kann das Kind dann das Klingeln der Bälle auslösen und dabei sowohl basale visuelle Leistungen zeigen und auf bewegte Sehreize reagieren als auch visuomotorische Fähigkeiten trainieren. Zusätzlich fördert das Klingelbrett die Auge-Hand-Koordination, allgemeine feinmotorische Fähigkeiten sowie taktile Fähigkeiten.

Material:

- ein dünnes Holzbrett in der entsprechenden Größe
- Metallfedern
- Klingelbälle, z. B. im Tierhandel als Katzenspielzeug erhältlich
- Holzbohrer
- Sekundenkleber oder eine Heißklebepistole

Bastelanleitung:

1. Bohren Sie zunächst kleine Löcher, entsprechend den Durchmessern der Metallfedern, in das Holzbrett.

2. Anschließend werden die Federn mit einem Ende in die Löcher geklebt, wobei die jeweiligen Löcher am besten mit Heißkleber gefüllt werden.

3. Sobald die Metallfedern getrocknet sind, werden die Klingelbälle oben an die Federn geklebt.

Kistenspiel

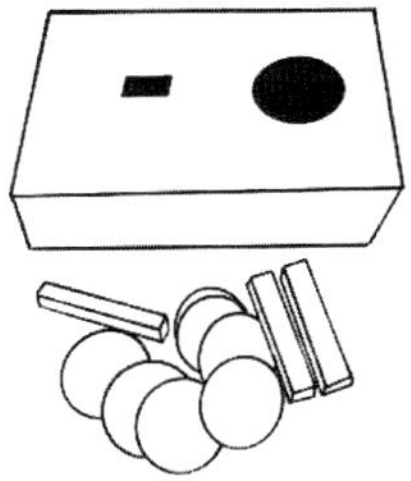

Das Kistenspiel lässt sich ganz einfach, schnell und kreativ selbst basteln und kann vielfältig ausgestaltet werden. Grundsätzlich fördert das Kistenspiel die Auge-Hand-Koordination, die Hand-Hand-Koordination, die feinmotorischen Fähigkeiten, die taktile Wahrnehmung sowie die Farb- und Formwahrnehmung von Kindern.

Material:

- ein Schuhkarton oder eine Kiste mit Deckel
- Wäscheklammern in unterschiedlichen Farben
- bunte Pappe in den gleichen Farben der Wäscheklammern
- Schere
- optional: selbstklebende Folie

Bastelanleitung:

1. Im ersten Schritt wird der Karton je nach Vorliebe und Geschmack des Kindes bemalt oder mit selbstklebender Folie beklebt.
2. Anschließend wird in den Karton zunächst eine eckige Öffnung (ca. 5 x 3 cm) sowie eine runde Öffnung (ca. 10 cm Durchmesser) geschnitten.
3. Nun schneidet Ihr Kind Kreise aus der Pappe aus, deren Durchmesser kleiner als die Öffnung ist, damit die Kreise später durch diese hindurchpassen.

Nachdem das Kistenspiel fertig gebastelt wurde, kann es nun vielseitig zur Förderung eingesetzt werden. Zum einen könnte Ihr Kind die Wäscheklammern und Kreise nun in die dafür vorgesehenen Öffnungen werfen, zum anderen kann es sich im Karton auf die Suche nach den farblich zueinander gehörenden Klammern und Kreisen machen und die Wäscheklammern an die Kreise anheften. Alternativ könnten Sie Ihrem Kind außerdem die Aufgabe geben, nur Kreise und Klammern einer ganz bestimmten Farbe zu suchen und diese in den Karton zu werfen bzw. sie aus diesem herauszuholen.

Um den Schwierigkeitsgrad des Kistenspiels zu steigern, können natürlich noch weitere Farben, Formen und Gegenstände hinzugenommen werden, die Materialien lediglich mit den Händen ertastet werden oder der Karton mit Sand befüllt und die Materialien darin versteckt und anschließend gesucht werden.

3 Tolle DIY-Ideen für Spielmaterialien

Knete

Fördert? Nicht nur das Spiel, sondern auch die Herstellung von Knete ist eine hervorragende Methode, um insbesondere die Wahrnehmung sowie die fein- und grafomotorischen Fähigkeiten von Kindern zu fördern sowie die Finger- und Handmuskulatur zu stärken und damit eine wichtige Grundlage für die Entwicklung der Schreibmotorik zu legen. Durch die gemeinsame Herstellung der Knete trainieren Kinder außerdem ihre Handlungsplanung und sammeln wichtige Erfahrungen mit Mengenangaben und unterschiedlichen Zutaten. Das anschließende Spielen wirkt zudem beruhigend und konzentrierend.

benötigte Materialien:

- 500 ml heißes Wasser
- 400 g Mehl
- 200 g Salz
- 3 EL Speiseöl
- 2 EL Zitronensäure
- Lebensmittelfarbe
- Schüssel
- Rührlöffel
- Schraubglas

Anleitung:

1. Geben Sie Mehl, Salz und Zitronensäure in eine große Schüssel und vermengen Sie die Zutaten gut miteinander.

2. Anschließend vermischen Sie das Speiseöl mit dem heißen Wasser und der Lebensmittelfarbe.

3. Fügen Sie die Flüssigkeit hinzu und rühren Sie alles nach und nach gut unter.

4. Sobald die Zutaten vermischt und nicht mehr heiß sind, wird alles so lange mit den Händen verknetet, bis eine gleichmäßige Masse entstanden ist.

5. Zuletzt sollte die fertige Knete luftdicht in einem Schraubglas verschlossen und kühl gelagert werden.

ⓘ

Tipp:
Möchten Sie die Knete direkt in mehreren verschiedenen Farben herstellen, kann die Lebensmittelfarbe in unterschiedlichen Farben auch im Anschluss in einzelne Knetportionen eingearbeitet werden. Wird die Lebensmittelfarbe auf diese Art und Weise verarbeitet, färbt sie jedoch stark ab, sodass am besten Handschuhe verwendet werden sollten.

Neben der Lebensmittelfarbe kann gerne auch mit ein wenig Glitzerpulver gearbeitet werden, das zu Beginn einfach unter das Mehl gehoben wird. Auch die Zugabe von Duftöl ins Wasser ist eine tolle Bereicherung für die selbstgemachte Knete.

Knetball

Fördert? Knetbälle sind nicht nur unter Kindern und Erwachsenen beliebt, sondern gleichzeitig auch ein wundervolles Bastelprojekt aus der Ergotherapiepraxis. Knetbälle lassen sich dabei super schnell und einfach herstellen und benötigen nicht einmal viele Materialien. Die fertigen Knetbälle können dann außerdem vielfältig und motivierend zur Förderung der kindlichen Entwicklung eingesetzt werden. So wirken sie beispielsweise motorischer Unruhe entgegen, bauen Stress ab, lösen innere Anspannungen und fördern gleichzeitig sowohl die Aufmerksamkeits- als auch die Konzentrationsfähigkeit. Darüber hinaus kräftigt das Kneten die Handmuskulatur und legt somit eine wichtige Grundlage für das Schreiben und die damit verbundene Stifthaltung.

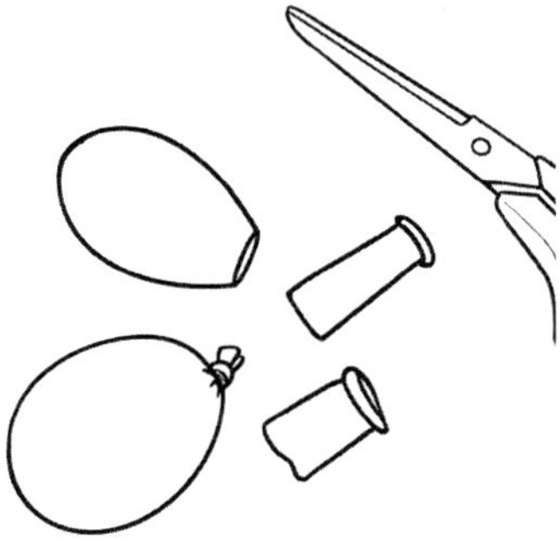

benötigte Materialien:

- 2 Luftballons
- 1 Hand voll Knete, z. B. selbstgemachte Knete oder alternativ Mehl oder weicher Sand
- Trichter

Anleitung:

1. Der Luftballon wird mit einer Handvoll Knete befüllt. Da das Befüllen etwas kniffelig ist, kann der Luftballon auf einen Trichter gestülpt und anschließend mit Knete befüllt werden.

2. Nun wird der befüllte Ballon am Ende verknotet und seine Öffnung wird abgeschnitten.

3. Anschließend wird der zweite Ballon in entgegengesetzter Richtung auf den mit Knete befüllten Ballon gezogen, um den Knetball zu stabilisieren.

Monsterschleim

Selbstgemachter Monsterschleim ist das perfekte Spielzeug für kindliches Matschen, da sich der Schleim wunderbar zur Kräftigung der Handmuskulatur eignet, intensive Sinnesreize über das taktile System der Haut vermittelt und Kindern somit hilft, ihre eigenen Hände besser zu spüren. Damit legt das Matschen mit dem Monsterschleim wichtige Voraussetzungen für eine geschickte Fein- und Grafomotorik und ist somit auch eine wundervolle Vorübung zum Schreiben und zum Malen.

benötigte Materialien:

- 3 Pakete Speisestärke
- Wasser
- Lebensmittelfarbe
- Schüssel

Anleitung:

1. Zunächst werden drei Pakete Speisestärke in eine Schüssel gegeben, zu der, je nach gewünschter Konsistenz, nach und nach Wasser hinzugegeben wird.

2. Geben Sie abschließend noch etwas Lebensmittelfarbe hinzu, um dem Monsterschleim eine schöne Farbe zu verleihen.

ⓘ

Tipp:
Grundsätzlich wird der Schleim umso matschiger und schmieriger, je mehr Wasser hinzugegeben wird. Schmieriger Matsch vermittelt dabei intensivere taktile Reize. Weniger Wasser führt hingegen zu einer festeren Masse, die sich besser zum Formen und zum Kneten eignet und damit die Muskulatur in der Hand etwas mehr fordert.

Spielend leicht - 15 konzentrationsfördernde Lernspiele

„Hören und Zählen"

Dieses Lernspiel ist besonders förderlich für die Hörfähigkeit des Kindes. Damit es bei diesem Spiel gute Leistungen erzielt, ist es von großer Wichtigkeit, dass es Ihnen aufmerksam zuhören kann. Suchen Sie sich daher einen ruhigen, ungestörten Ort aus. Das Spiel kann beginnen:

1. Lesen Sie dem Kind eine Geschichte vor und geben Sie ihm die Anweisung, dabei auf ein ganz bestimmtes Wort zu achten.

2. Wählen Sie das Wort zuvor selbst aus. Es könnte sich beispielsweise um den Begriff „aber" oder „und" handeln.

3. Nun muss das Kind zählen, wie oft der vorgegebene Begriff in der Geschichte vorkommt. Alternativ können Sie auch ein Hörspiel laufen lassen. Die Regeln bleiben die gleichen.

4. Erhöhen Sie nach einiger Zeit auch den Schwierigkeitsgrad, indem das Kind auf mehrere Wörter gleichzeitig achten soll. In diesem Fall sollte es allerdings einen Notizzettel zu Hilfe nehmen.

„Ich packe meinen Koffer"

Dieses Spiel kennt so gut wie jeder. Können Sie sich noch an die Zeiten erinnern, als Sie es mit Ihren Freunden oder Klassenkameraden gespielt haben? Der Klassiker ist eine sehr effiziente Konzentrationsübung für Klein und Groß, denn dabei wird auch das Kurzzeitgedächtnis trainiert. Geben Sie als Spielleiter einmal die folgenden Anweisungen an das Kind:

1. „Denke dir einmal einen Gegenstand aus, den du in deinen imaginären Koffer packst, weil du bald in den Sommerurlaub fliegen möchtest. Wenn du etwas Passendes gefunden hast, dann sagst du: ‚Ich packe meinen Koffer und nehme eine Sonnenbrille mit!'"

2. Anschließend ist eine zweite Person an der Reihe, die den genannten Gegenstand als Erstes aufzählt und dann noch ein anderes Objekt hinzufügt. Der neue Satz könnte also lauten: „Ich packe meinen Koffer und nehme eine Sonnenbrille und Badesachen mit."

3. Jedes Kind, das danach an der Reihe ist, nennt als Erstes alle bereits eingepackten Gegenstände und fügt noch einen weiteren hinzu.

4. Damit man weiß, wann genau das Spiel zu Ende ist, gibt der Spielanleiter zu Beginn eine Anzahl an maximal verfügbaren Gegenständen vor.

Zahlenketten zur Steigerung des Merkvermögens

1. Für dieses Lernspiel geben Sie dem Kind eine Zahl vor, die es sich unbedingt merken soll, beispielsweise die Zahl 20.

2. Anschließend fragen Sie die Zahl ab und fügen noch eine weitere Ziffer hinzu, wie beispielsweise die 7.

3. Am nächsten Tag fragen Sie das Kind nach den zwei Zahlen. Sollte das Kind diese noch wissen, können Sie eine weitere Zahl hinzufügen.

4. Wiederholen Sie den Vorgang so lange, bis Sie eine lange Zahlenkette haben. Sie können dem Kind auch einen zeitlichen Rahmen vorgeben, wie beispielsweise eine ganze Woche. Hat das Kind alle sieben Zahlen gewusst, können Sie in der neuen Woche wieder von vorne starten.

Das Alphabet in umgekehrter Reihenfolge

Jeder von uns kann das Alphabet in- und auswendig aufsagen, sobald wir danach gefragt werden. Um nun aber den Schwierigkeitsgrad zu erhöhen, probieren Sie doch einmal mit Ihrem Kind das folgende Spiel aus:

1. Sage bitte einmal das ABC auf. Lasse dabei aber immer den zweiten (oder dritten) Buchstaben aus.

2. Sage bitte das Alphabet rückwärts auf und lasse dabei den zweiten (oder dritten) Buchstaben aus.

Sie werden sehen, wie knifflig diese Aufgabe ist und dass das Kind sich ganz schön anstrengen muss, um den jeweils richtigen Buchstaben nennen zu können. Anschließend wird sich die Konzentrationsfähigkeit Ihres Kindes auf jeden Fall merklich gebessert haben.

Nachzeichnen für die Beobachtungsfähigkeit

Diese Gehirnjogging-Übung eignet sich für Groß und Klein gleichermaßen und macht vor allem Kindern sehr viel Spaß. Geben Sie als Spielleiter dem Kind einmal die folgenden Instruktionen:

1. Hole dir bitte ein Blatt und einen Stift!

2. Suche dir hier im Raum einen Gegenstand aus und beobachte ihn für eine Minute ganz intensiv. Präge dir dabei alle Details ganz genau ein.

3. Wende dich nun von dem Gegenstand ab und zeichne all das auf dein Blatt, woran du dich erinnern kannst.

4. Suche dir anschließend wieder einen Gegenstand aus dem Raum aus! Diesmal darfst du ihn dir nur für 45 Sekunden anschauen. Danach zeichnest du wieder auf, woran du dich erinnerst.
Diese Übung schult die Merkfähigkeit sowie die Erinnerungsfähigkeit des Kindes. Auch die künstlerischen Talente werden dabei ausgebaut.

Hörmemory

Dieses akustische Lernspiel ist inspiriert vom Konzept nach Maria Montessori (Erfinderin der Montessori-Pädagogik). Die Vorgehensweise des Spiels erinnert sehr stark an das klassische Memoryspiel, bei dem es darum geht, die passenden Bildpaare zu finden. Die Besonderheit des Hörmemorys ist folgende: Man sieht die zusammenpassenden Paare nicht, sondern muss ganz genau zuhören, um zu erkennen, welche Geräusche zusammenpassen. Für dieses Spiel gibt es im Handel und in vielen Onlineshops verschiedene Variationen. Probieren Sie es ruhig einmal aus, denn es fördert nicht nur die Konzentrationsfähigkeit, sondern auch die akustische Wahrnehmung der Kinder.

Wolkenspiel zum Entspannen und Kreativsein

Diese Übung ist besonders für Tage geeignet, an denen man am Himmel viele bauschige Wolken erkennen kann. Sie verbindet Kreativität und Entspannung gekonnt miteinander, da man hier einmal seiner Fantasie freien Lauf lassen darf. Wenn Sie dieses beruhigende Spiel einmal mit Ihrem Kind ausprobieren wollen, dann schnappen Sie sich eine Decke und gehen Sie raus an die frische Luft. Legen Sie sich gemeinsam mit dem Kind mit dem Rücken auf die Decke und betrachten Sie den Himmel. Versuchen Sie nun zu zweit, so viele Formen wie möglich in den Wolken zu erkennen und diese eine Weile mit den Augen zu verfolgen. Hat einer von ihnen eine passende Form im Himmel erkannt, dann schließt er für insgesamt 10 Sekunden die Augen. Nach dieser Zeit kann er die Augen wieder öffnen und versuchen, die erkannte Form wiederzufinden. Diese Konzentrationsübung fördert bei dem Kind sowohl das räumliche Denkvermögen als auch die Kreativität.

Konzentration üben durch „Erde, Feuer, Luft und Wasser"

Dieses Spiel kennen Sie bestimmt noch aus Ihrer Kindheit. Dabei wird dieses Spiel vordergründig in Gruppen gespielt, er kann aber auch in der Einzelförderung zum Einsatz kommen. Bei diesem Spiel laufen die Kinder am Anfang ganz frei im Raum herum. Der Spielleiter (oder ein ausgewähltes Kind) hat eine Trommel in der Hand und entscheidet, wann er diese benutzen will. Sobald er mit einem kräftigen Schlag die Trommel betätigt, nennt der Spielleiter eines der vier Elemente. Dabei müssen sich die Kinder bei dem Element Wasser eine Erhebung im Raum suchen, auf die sie sich stellen können. Ruft der Trommler „Feuer!", dann müssen sich alle Kinder auf dem Boden rollen, um das Feuer zu löschen. Wird das Element Luft gerufen, müssen sich die Kinder an einem Gegenstand im Raum festhalten, um nicht wegzufliegen. Bei dem Element Erde hocken sich alle Kinder so schnell wie möglich hin, um sich sinnbildlich in den Boden einzugraben. Dabei muss jedes Kind sehr flink sein, denn wer als Letztes die gewünschte Tätigkeit ausführt, ist leider ausgeschieden. Das Kind, welches als Letztes im Raum steht, hat gewonnen und ist der Sieger des gesamten Spiels. Diese Aktivität eignet sich besonders gut, um die Schnelligkeit und die Konzentration der Kinder zu fördern. Man muss nämlich schon sehr gut aufpassen, um zu wissen, welches Element als Nächstes genannt wird und welche Bewegung dazu passt. Um den Schwierigkeitsgrad noch etwas zu erhöhen, müssen die Kinder im nächsten Durchgang nun auch Tiere nennen, die in dem genannten Element leben, dabei darf jedoch kein Tier doppelt genutzt werden.

„Welchen Buchstaben meine ich?"

Bei diesem Konzentrationsspiel muss das Kind sehr schnell zählen können und außerdem sicher im Alphabet sein. Für einen spaßigen Spielablauf gehen Sie folgendermaßen vor:

1. Sagen Sie dem Kind ein bestimmtes Wort und nennen Sie direkt danach eine Zahl, die die Anzahl der Buchstaben nicht überschreitet.

2. An dieser Zahl muss das Kind nun erkennen, welcher Buchstabe genau an diesem Platz im Wort steht.

3. Nehmen wir beispielsweise das Wort Notizblock und die Zahl vier.

4. Das Kind muss nun den vierten Buchstaben des Wortes nennen. In diesem Fall wäre es der Buchstabe „i".

5. Suchen Sie sich zuvor ruhig ein paar schöne und lange Wörter aus. Dieses Spiel fördert übrigens nicht nur die schnelle Auffassungsgabe des Kindes, sondern sorgt außerdem dafür, dass das Kind seine Denkgeschwindigkeit um ein Vielfaches erhöht.

„Sei mein Roboter!"

Dieses Spiel können Sie mit dem Kind spielen, wenn es bereits eine lange Zeit am Schreibtisch verbracht hat. Es fördert nicht nur die Konzentration, sondern sorgt auch für eine stabile Vertrauensbasis. Auch durch die Bewegung kann die körperliche Wahrnehmung des Kindes geschult werden. Gehen Sie bei dem Spiel wie folgt vor:

1. Schließen Sie Ihre Augen und übergeben Sie Ihrem Kind die Führung.
2. Es darf Sie nur mit seinen Worten zum Zielort dirigieren. Dieser kann zum Beispiel der Fernseher oder die Kaffeemaschine sein.
3. Sobald Sie das Ziel erreicht haben, werden die Rollen getauscht und Sie leiten Ihr Kind nun mit geschlossenen Augen durch den Raum.

Dieses Spiel trainiert nicht nur die Konzentration, sondern fördert bei Ihrem Kind auch die Ausdrucksweise, da es sich ganz genau überlegen muss, welche Anweisungen es Ihnen gibt.

„Vorwärts und rückwärts zählen"

Bei dieser Konzentrationsübung ist ein sehr gutes mathematisches Verständnis gefragt. Um das Spiel durchzuführen, beachten Sie bitte die folgenden Schritte:

1. Lassen Sie Ihr Kind beginnen, zu zählen.
2. An einer beliebigen Stelle klopfen Sie gegen den Tisch oder pfeifen kurz, damit Ihr Kind stoppt.
3. Von nun an muss das Kind rückwärts zählen.
4. Sobald Sie erneut ein Signal geben, ändert sich die Zählrichtung wieder.

Dieses Spiel ist sehr gut dafür geeignet, um die Reaktionsfähigkeit Ihres Kindes zu trainieren, und eine hervorragende Übung dafür, dass es den Zahlenraum sicher beherrscht.

„Ich sehe was, was du nicht siehst!"

Dieses altbekannte Spiel eignet sich optimal dafür, um eine kleine Lernpause einzulegen und das Gehirn einmal zu entspannen. Nachdem Ihr Kind also fleißig für eine Aufgabe gelernt hat, können Sie einmal aus dem Fenster schauen und sich ein Objekt in der Natur aussuchen. Sagen Sie dann zu Ihrem Kind den klassischen Satz: „Ich sehe was, was du nicht siehst, und das ist grün!" Das Kind darf nun raten, welchen Gegenstand Sie meinen. Sobald es den richtigen Begriff gefunden hat, werden die Rollen getauscht und Ihr Kind darf sich ein Objekt auswählen. Dieses Spiel fördert nicht nur die Entspannung, sondern auch die visuelle Wahrnehmung des Kindes und ist als kleiner „Muntermacher für zwischendurch" immer gut geeignet.

Spiegelübung

Diese Konzentrationsübung fördert die Feinmotorik und das räumliche Vorstellungsvermögen Ihres Kindes. Nehmen Sie sich ein Blatt und einen Bleistift zur Hand und malen Sie eine geometrische Figur, wie einen Quader oder einen Würfel. Zeichnen Sie eine gerade Linie in der Mitte, um das Blatt zu trennen. Nun darf Ihr Kind die aufgemalte Figur an der Linie spiegeln. Diese Übung fördert auch die Fertigkeiten Ihres Kindes im Mathematikunterricht.

Atemübung

Gelegentlich haben wir nicht immer einen Partner an der Seite, mit dem wir verschiedene Konzentrationsübungen durchführen können. Ein simpler Trick, den man immer wieder zwischendurch durchführen kann, ist, eine Atemübung in den Alltag einzubauen. Geben Sie dafür Ihrem Kind den Tipp, dass es zehnmal ein- und wieder ausatmen soll. Dabei soll es ganz bewusst in seinen Bauch atmen und spüren, wie sich dieser ganz sanft hebt und senkt. Damit das Kind nicht zu schnell atmet, können Sie ihm noch den Hinweis geben, dass es langsam bis drei zählen soll, nachdem es ein- und ausatmet. Dies fördert nicht nur die Konzentration, sondern sorgt auch wieder für einen besseren Fokus beim Lernen. Ermuntern Sie das Kind dazu, diese Übung auch zwischendurch einmal selbstständig durchzuführen.

„Wie viele Schritte gehe ich?"

Dieses Konzentrationsspiel ist hervorragend dafür geeignet, an der frischen Luft mal wieder eine Runde spazieren zu gehen. Damit es einem nicht zu langweilig wird, kann man während des ganzen Laufs einmal seine Schritte zählen. Klingt simpel, kann manchmal aber ganz schön schwierig sein, da man sich sehr gut konzentrieren muss, um sich nicht zu verzählen. Noch komplizierter wird es natürlich, wenn man sich zusätzlich noch mit jemandem unterhält. Jetzt muss man sich ganz schön anstrengen, um nicht aus dem Takt zu kommen. Probieren Sie es doch mit dem Kind einfach mal aus. Wie viele Schritte laufen Sie, wenn Sie beide frühmorgens zur Schule gehen? Sie werden es mit dieser Konzentrationsübung sicherlich ganz schnell herausfinden. Um das Spiel spannender zu machen, können Sie beide auch zunächst erst einmal schätzen, wie viele Schritte es wohl zu dem jeweiligen Ziel sind.

Bonus: Die Schatzkiste für mehr Konzentration

QR-Code zur Konzentrations-Schatzkiste

Im Fokus bleiben

Der Prozess des Lernens ist von vielen Faktoren abhängig, die ein Lernbegleiter immer im Auge behalten sollte, wenn er gute Lernangebote für sein Kind gestalten möchte. Damit Schüler die neuen Lerninhalte auch wirklich verstehen können, sollte der Lernstoff so aufbereitet werden, dass während der Wissensaufnahme alle fünf Sinne angesprochen werden und der Lernende Materialien an die Hand bekommt, die seinem Lerntypus entsprechen. So gibt es Kinder, die sich am besten neues Wissen aneignen können, indem sie sehr viel über ein Thema lesen. Des Weiteren gibt es Lerntypen, die es lieben, so viel wie möglich über einen bestimmten Sachverhalt zu hören. Durch das bewusste Zuhören entsteht vor ihrem inneren Auge ein bestimmtes Bild über das besprochene Thema, wodurch es sich viel besser im Gedächtnis abspeichern kann. Sie haben etwas darüber erfahren, wie bestimmte Schüler neu Erlerntes gerne mit Bewegungen verknüpfen.

Dank der körperlichen Betätigung verstehen sie die Zusammenhänge um ein Vielfaches besser und können sich durch die verknüpften Bewegungen die Lerninhalte leichter abspeichern. Auch durften wir feststellen, dass die richtige Sprache bei der Vermittlung neuer Lerninhalte nicht fehlen darf, denn es gibt Schüler, die anhand von gemeinsamer Kommunikation ein viel besseres Grundverständnis zu den Themen erhalten. Zudem haben Sie nun auch ein umfassendes Wissen darüber erhalten, dass die kommunikativen Lerntypen durch die aktive Auseinandersetzung mit den Meinungen anderer Personen die Hintergründe eines Themas viel besser nachvollziehen können. Für ein perfektes Lernerlebnis spielen natürlich auch die inneren Persönlichkeitsmerkmale des Lernenden eine wesentliche Rolle. So konnten Sie diesem Ratgeber entnehmen, dass introvertierte Kinder ihre Umwelt ganz anders wahrnehmen, als es bei den Extravertierten der Fall ist. So bevorzugen Introvertierte, sich durch künstlerische Tätigkeiten einem neuen Thema zu nähern und sich die Zusammenhänge in Einzelarbeit zu erschließen. Außerdem haben wir uns intensiv mit einer besonderen Form der Introvertierten beschäftigt: den Hochsensiblen.

So wissen Sie nun, dass sie mit ihren Sinnen viel mehr aufnehmen als andere Kinder, wodurch sie u. a. auch Alltagsgeräusche und Lichtverhältnisse intensiver wahrnehmen. Dadurch benötigen sie eine längere Regenerationszeit. Auch über die Persönlichkeitsgruppe der Extravertierten konnten Sie in diesem Ratgeber sehr viel lesen. Sie wissen nun, dass extravertierte Kinder viel mehr davon profitieren, wenn man ihnen eher handlungsorientierte Lernangebote an die Hand gibt. Für sie sind actionreiche Angebote, die sie am besten noch in der Gruppe absolvieren können, wie geschaffen. Somit können sie ihrem großen Bewegungsdrang nachgehen und sich das Wissen ihrer Umwelt mit sehr viel Spaß erschließen.

In diesem Buch haben Sie ebenfalls das Wissen erlangt, dass extravertierte Kinder von AD(H)S-Betroffenen abzugrenzen sind, da es sich bei AD(H)S um eine Verhaltensstörung (wie Hyperaktivität, Impulsivität und Unaufmerksamkeit) handelt, die durch ein Ungleichgewicht im Gehirn ausgelöst wird und für die man eine Therapie benötigt. Betroffenen fällt es oft schwer, vor allem beim Lernen richtig zuzuhören und ihr Temperament während des Unterrichts im Zaum zu halten.

Sie wissen nun, dass es unzählige Persönlichkeitstypen gibt, die einen wesentlichen Einfluss darauf haben, wie Kinder neue Lerninhalte aufnehmen und verarbeiten können, und dass die Konzentrationsleistung eines Kindes maßgeblich von seinen Charakterzügen beeinflusst wird. Jedoch spielen noch andere Umweltfaktoren wie Ernährung, Lebensverhältnisse oder der momentane Gemütszustand eine Rolle dabei, wie lange sich ein Kind auf eine bestimmte Sache fokussieren kann. Die gute Nachricht ist, dass Sie mithilfe von verschiedenen Konzentrationsübungen die Konzentrationsfähigkeit eines Kindes maßgeblich verbessern können. Durch die Anwendung der in diesem Buch vorgestellten Übungen und regelmäßigen Übungseinheiten können Sie als Lernbegleiter zur Verbesserung der Lernfähigkeit beitragen, wenn Sie mit dem Kind regelmäßig trainieren. Somit werden nicht nur die Lernleistungen des Kindes auf längere Sicht gesteigert, sondern es macht außerdem die Erfahrung, dass Lernen auch Spaß machen kann, und das ist doch die Hauptsache!

Quellenverzeichnis und weiterführende Literatur

- Müller, A. (2018). Konzentrationstraining in der Grundschule: Praxisbuch für Lehrer und Eltern. Beltz Verlag.
- Schmidt, B. (2017). Konzentration fördern in der Grundschule: Praktische Übungen und Methoden für den Unterricht. Persen Verlag.
- Meier, C. (2016). Spiele und Übungen zur Förderung der Konzentration bei Grundschulkindern. Kohl Verlag.
- Bundesministerium für Bildung und Forschung (BMBF). (2019). Leitfaden zur Förderung der Konzentration bei Grundschulkindern: Empfehlungen für Lehrkräfte und Eltern. Verfügbar unter: www.bmbf.de/konzentration-fuer-grundschulkinder.
- Zimmermann, L. (2015). Konzentrationstraining in der Grundschule: Wirksame Methoden für den Unterrichtsalltag. Friedrich Verlag.
- Forschungsbericht: Konzentrationstraining und seine Auswirkungen auf die schulische Leistungsfähigkeit von Grundschulkindern. (2014). Journal für Entwicklungspsychologie, 39(3), 215-230.
- Arbeitsgemeinschaft Grundschule e.V. (AGGS). (2020). Handreichung Konzentrationstraining: Praktische Tipps für Lehrkräfte. Verfügbar unter: www.aggs.de/handreichung-konzentrationstraining.